GABRIELE CRAMER

ICH DREH DIE WÖRTER EINFACH UM

Gedichte im Religionsunterricht
Ein Lese- und Methodenbuch für Kinder von 7 bis 12

Kösel

Verlagsgruppe Random House FSC-DEU-0100
Das für dieses Buch verwendete FSC®-zertifizierte Papier
Plano Plus liefert Papyrus, Ettlingen.

Gesetzt nach den Regeln der derzeit gültigen Rechtschreibung, soweit nicht die
Rechteinhaber der Gedichte ausdrücklich alte Rechtschreibung verlangt haben.

Copyright; © 2012 Kösel-Verlag, München,
in der Verlagsgruppe Random House GmbH
Umschlag: Weiss | Werkstatt | München
Illustrationen: Mascha Greune, München
Druck und Bindung: Kösel, Krugzell
Printed in Germany
ISBN 978-3-466-37040-5

Weitere Informationen zu diesem Buch und unserem gesamten
lieferbaren Programm finden Sie unter
www.koesel.de

Inhalt

III. METHODEN

ANHANG

Vorwort

Die Wörter einfach umdrehen

Viele Jahre habe ich Gedichte gesucht, gefunden, gesammelt, genutzt und ge-
nossen. Je älter ich wurde, desto mehr rückte mein Schulwissen über Gedichte
in den Hintergrund. Stattdessen wuchs jenseits der herkömmlichen Interpre-
tationsmethodik meine Lust am Spiel der Dichterinnen und Dichter mit ihren
Wörtern. Ihr experimentelles Drehen – Verdrehen – Umdrehen von Wörtern
und Sätzen hat auch mich zu eigenen Ideen, Zugängen, Fragen und Gedanken
inspiriert und die Tür für neue Wege in der Arbeit mit Kindern geöffnet. Und
so begann ich, Texte und Methoden für dieses Buch zu sammeln.

»Lehrer sein, heißt, zeigen, was man liebt«, hat Fulbert Steffensky[1] einmal
gesagt. Mit vielen der rund 80 Gedichte, die in diesem Band versammelt sind,
bin ich seit Jahren vertraut und einige davon sind aus meinem Religionsunterricht nicht wegzudenken. Andere verdanke ich Gesprächen mit Religionsleh-
rerinnen und -lehrern in religionspädagogischen Fortbildungen und wieder
andere sind Fundstücke aus Gedichtanthologien für Kinder. Auch Gedichte
»großer« Schriftsteller habe ich in der Hoffnung aufgenommen, dass sie nicht
nur Erwachsenen, sondern auch Kindern ans Herz wachsen können. Sie werden altbekannte, vertraute, vielleicht auch in Vergessenheit geratene Verse
wiederfinden, die immer wieder hervorzuholen sich lohnt. Sie werden aber sicher auch Neues entdecken, das Sie neugierig machen und anregen kann, sich
mit Kindern im Religionsunterricht daran zu versuchen. Lassen Sie sich und
mit Ihnen Ihre Schülerinnen und Schüler von den Gedichten berühren und
fesseln, provozieren und erheitern, trösten und ermutigen.

Ein breites Spektrum von Gedichten umfasst dieser Sammelband, in dem
die Vielfalt der Texte in zwölf Themenfelder geordnet wird. Die Auswahl ori-
entiert sich zum einen an literarischen Kriterien und an inhaltlichen Frage-
stellungen, zum anderen auch an den Vorlieben von Kolleginnen und Kolle-

---

1   Fulbert Steffensky, Der alltägliche Charme des Glaubens, Würzburg 2002, S. 75.

gen, an ihren Erinnerungen an »Sternstunden« mit bestimmten Gedichten sowie der Überlegung: Was darf auf keinen Fall in diesem Kanon von Gedichten fehlen? Das älteste Gedicht stammt von Matthias Claudius, das jüngste von Jutta Richter; Autoren wie Bertolt Brecht oder Albert Goes stehen neben Rose Ausländer oder Friederike Mayröcker, die Klassiker der Kinderlyrik James Krüss und Josef Guggenmos fehlen ebenso wenig wie volkstümliche Lieder. Darüber hinaus finden Sie zu jedem Gedicht Anregungen zur Einbindung in den Religionsunterricht und schließlich am Ende im Überblick eine handlungs- und produktionsorientierte Methodensammlung mit Beispielen.

Herzlich danke ich allen, die mir mit Rat und Tat zur Seite gestanden haben: Ein großer Dank geht an Otmar Schöffler, den ehemaligen Leiter der Bibliothek/Mediothek der Schulabteilung des Bistums Münster. Ohne seinen Sachverstand, seine Begeisterung und die ihm eigene Gründlichkeit und Gewissenhaftigkeit hätte ich dieses Buch nicht mit so viel Freude und Überzeugung schreiben können. Ich danke Marie-Luise Voß für die vielen gemeinsamen Stunden, in denen wir Wörter und Sätze drehten, verdrehten und vertauschten. Margarete Stenger aus dem Kösel-Verlag hat mich angeregt, dieses Buch überhaupt in Angriff zu nehmen. Sie hat mich beim Schreiben konstruktiv und einfühlsam begleitet. Dafür vielen Dank.

Ich wünsche Ihnen und Ihren Schülerinnen und Schülern viel Freude und Muße mit den Gedichten und im gemeinsamen Sprechen und Tun einen langen Atem.

Gabriele Cramer

I.
Zugänge

Das Gedicht ist kein Gebrauchsgegenstand,
es nutzt sich nicht ab.
(Hilde Domin)

Warum Gedichte?

Was können, sollen und wollen gerade Gedichte im bunten Reigen der Gattungen Kindern im ausgehenden Grundschulalter bieten? Aus der Fülle der Aussagen von Dichtern über die Wirkung von Lyrik soll eine bekannte Schriftstellerin zu Wort kommen: Jutta Richter erinnert sich an ihre Kindheit, wie alles begann, als sie Gedichte las und schrieb – auch »gegen die mangelhafte Deutschnote«.[2] Und, so kommentiert sie: »... ich fand dabei heraus, dass Gedichte der schnellste Weg sind, um Ordnung in die Seele zu bringen. Gedichte zwingen das Chaos in Formen. Die heilende Klangfarbe von Wörtern wurde mir klar. Das Tröstende der Wortmelodien. Gedichte brauchen nicht den Umweg der Geschichte. Nichts muss verkleidet werden und alles hat Struktur.«

Hier ist mit wenigen Worten viel gesagt. Gedichte bringen in einer überzeugenden Verbindung von Form und Sprache als Klanggebilde die subjektiven Einstellungen, Gefühle, Gedanken des Autors/der Autorin und in Folge auch die der Leserinnen und Leser wie kaum eine andere literarische Gattung auf den Punkt: durch Kürze und Prägnanz der verdichteten Sprache, durch Reim und Rhythmus, durch die Kraft der Bilder und Metaphern, durch den

---

2 Jutta Richter, Warum ich Gedichte schreibe, weiß ich nicht. Vortrag (unveröffentlichtes Manuskript, 2010).

Reiz der Vieldeutigkeit. Wenn Gedichte den kindlichen wie auch den erwachsenen Leserinnen und Lesern helfen, unentdeckte Saiten zum Klingen zu bringen und die eigenen Erfahrungen ins Bewusstsein zu heben, dann verwischt die Grenze von Kinder- und Erwachsenenlyrik. Ein wirklich gutes Kindergedicht – das heißt ein für Kinder geschriebenes – wird auch Erwachsene berühren, und umgekehrt öffnen sich auch Gedichte für Erwachsene bereits Kindern. »Kindergedichte« können größer und bedeutender sein, als sie auf den ersten Blick scheinen, und schwergewichtige Texte verändern sich durch die Erfahrungen der kindlichen Leser. Ein Gedicht »nutzt« sich nicht ab, verliert nichts von seiner Größe, sondern eröffnet in späteren Jahren mit seinem Bedeutungsüberschuss neue Lesarten.

Wer Kinder ernst nimmt, wird ihnen auch schwere Themen nicht ersparen können. Hier muss der begleitende Erwachsene, die Lehrerin dafür Sorge tragen, dass man trotzdem »nach dem Licht schauen muss, wenn es dunkel ist« und die Hoffnung auf »Rosen unter dem Schnee«[3] nicht abhandenkommt. In dem Gedichtband »Versteh mich nicht so schnell« der bekannten Grundschulpädagogin Ute Andresen sind beeindruckende Beispiele nachzulesen.[4] Jutta Richters Betonung einer therapeutischen Funktion von Lyrik – noch heute steht sie mit ihren Gedichten dafür ein – gewinnt im Religionsunterricht eine einleuchtende Relevanz. Die bergende, ordnungs- und sinnstiftende Wirkung von Worten und ihrer Melodie schult nicht nur die Sinne und das ästhetische Empfinden, sondern regt durch den Perspektivwechsel zu Imagination und unverstelltem Blick auf das Gewusste und Bekannte an.

Wenn Gedichte also – mit den Worten Hermann Hesses – »Leben wecken und leben helfen« wollen und sollen, dann ist das auch eine Frage des Umgangs mit ihnen. Eine wunderbare Anleitung zum rechten Verstehen von Lyrik findet sich bei Johann Wolfgang von Goethe in seinem Gedicht »Gedichte sind gemalte Fensterscheiben«, in dem er in zwei gegensätzlich gestalteten Strophen die Formen der Rezeption von Gedichten mit der Wirkung von Kirchenfenstern vergleicht.[5]

---

3 Richter, a.a.O.

4 Ute Andresen, Versteh mich nicht so schnell. Gedichte lesen mit Kindern, Weinheim 1992.

5 Goethes Werke, Bd. 1: Gedichte, hrsg. v. Hendrik Birus/Karl Eibl, Darmstadt 1998.

Gedichte sind gemalte Fensterscheiben!
Sieht man vom Markt in die Kirche hinein,
Da ist alles dunkel und düster;
Und so sieht's auch der Philister:
Der mag denn wohl verdrießlich sein
Und lebenslang verdrießlich bleiben.

Kommt aber nur einmal herein!
Begrüßt die heilige Kapelle;
Da ist's auf einmal farbig helle,
Geschicht' und Zierrat glänzt in Schnelle,
Bedeutend wirkt ein edler Schein;
Dies wird euch Kindern Gottes taugen,
Erbaut euch und ergötzt die Augen!

Johann Wolfgang von Goethe

Der Text stammt aus einer Sammlung von kurzen Texten, die Goethe in seinen späten Jahren unter der Überschrift »parabolisch« zum Thema »Gott und die Welt« veröffentlichte. Mit einer Metapher beginnt das Gedicht, das in sakralem Grundton Fensterscheiben einer Kirche mit einem Gedicht vergleicht. Begnügt sich der »Philister«, ein engstirniger Spießer, mit einem flüchtigen und geschäftigen Blick auf die Fensterscheiben von außen, vom Markt aus, bringt es ihm nur trüben Verdruss. Wahrer Genuss stellt sich erst dann ein, wenn der Innenraum der heiligen Kapelle betreten wird und die Fenster zu strahlen beginnen. Gedichte geben sich erst dann in ihrem edlen Glanz und ihrer lichten Schönheit zu erkennen, wenn die Leserinnen und Leser sich Zeit und Muße nehmen, sich innerlich auf sie einzulassen:[6] »Kommt aber nur einmal herein!« Folgt man dieser Einladung, kann man sich an der Transparenz des Gedichts für die eigene Wirklichkeit »erbauen«; denn nicht durch sich

---

6   vgl. Ruth Klüger, Gemalte Fensterscheiben. Über Lyrik, München 2011.

selbst, sondern durch die Bereitschaft der Leserinnen und Leser zur inneren Begegnung erfährt das Gedicht eine Ausstrahlung, die die eigene Wirklichkeit übersteigen und in eine Dimension der Transzendenz münden kann.

Warum Gedichte im Religionsunterricht?

Mit der Schilderung eines Idealfalls der Rezeption von Lyrik im Religionsunterricht möchte ich beginnen: Einer Lehrerin, einem Lehrer fällt ein Gedicht zu, das zu einer eingehenden und intensiven persönlichen Beschäftigung auffordert. Die Auseinandersetzung mit Text und Autor/Autorin regt an, das Gedicht Schülerinnen und Schülern vorzustellen. Die Lehrerin, der Lehrer erhoffen sich eine produktive Wechselbeziehung zwischen den Grunderfahrungen des Textes und den Widerfahrnissen der Schülerinnen und Schüler. Sie begeben sich auf die Suche nach einem möglichen doppelten Boden des Textes, der die Perspektive der biblisch-christlichen Botschaft mit ins Spiel bringt und damit eine religiöse Lesart erlaubt: etwa durch Assoziationen an biblische Bilder (»Himmelsleiter«) und Beziehungen oder durch Übersetzung theologischer Schlüsselbegriffe wie »Sünde« oder »Auferstehung«. Auch Wörter, die offen sind sowohl für eine alltägliche als auch spirituelle Dimension, wie »schenken« oder »teilen«, laden zu einer Korrelation ein. Gewarnt werden muss in diesem Zusammenhang allerdings vor einer Vereinnahmung im Sinne einer Engführung des Gedichts auf eine einzige, hier die religiöse Lesart. Stattdessen ist das Gedicht als Gedicht zu respektieren mit seinen vielfältigen Deutungen, auch mit seinen Anfragen und herausfordernden Differenzen zur christlichen Überlieferung. Jede unterrichtliche Annäherung an ein Gedicht muss sich daran messen lassen, inwieweit Lehrer sich als »Anwälte der Würde des Gegenstandes« (Günter Lange)[7] verstehen. Der/die Unterrichtende hat dafür Sorge zu tragen, den Eigenwert eines Gedichtes nicht im Vermittlungsprozess verkommen zu lassen und Verwertungsabsicht über Genuss und Freude zu setzen.

Den Weg des oben geschilderten Beispiels versucht das Buch zu gehen. Sie finden knappe Hinweise zum Autor/zur Autorin und zur Entstehung der Texte sowie »Entdeckungen am Text« vor den Vorschlägen zur unterrichtlichen

---

7   Günter Lange, Religionspädagogischer Umgang mit Kunst, in: KatBl 2/1991, S. 117.

Umsetzung. Zu begrüßen wäre es, wenn Sie diese Minimal-Informationen neugierig machen könnten, Ihre verschütteten Kenntnisse (aus Ihrem Deutschunterricht) aufzufrischen und sich umfassender zu informieren.

Welche Gedichte können also nun religiöse Lernprozesse in der Schule bereichern? Das geschilderte Beispiel zeigt, dass prinzipiell jedes Gedicht im Religionsunterricht seinen Platz finden kann. Die religiöse Lesart (die auch die Gestaltung miteinbezieht) entscheidet über die Auswahl eines Gedichts im Religionsunterricht; denn Religionsunterricht ist auf eine anthropologisch gewendete Theologie ausgerichtet, in der »das Klingeln einer Straßenbahn zu dem werden kann, was uns unbedingt angeht ... Theologisch relevant ist, was uns öffnet« (Dorothee Sölle)[8].

Literarische und religiöse Kompetenzen

Die Arbeit mit Gedichten im Religionsunterricht ist nicht zu trennen vom Bemühen um literarische Kompetenzen in der Schule. Auch in der Diskussion um Bildungsstandards ist immer wieder darauf hingewiesen worden. Religiöse und literarische Kompetenzen können in ihren Wechselbezügen bzw. Vernetzungen in speziellen Anforderungssituationen wertvolle Handlungsspielräume für Lehrerinnen und Lehrer eröffnen. Als chancenreich erscheint eine gegenseitige Vernetzung vor allem unter vier Aspekten[9]:

---

8   Dorothee Sölle, Das Eis der Seele spalten. Theologie und Literatur in sprachloser Zeit, Mainz 1996, S. 9f.
9   Die folgende Gegenüberstellung literarischer und religiöser Kompetenzen greift zum einen auf die Publikationen Kaspar H. Spinners zurück, der vielfach zum literarischen Lernen publiziert hat, hier insbesondere: Kaspar H. Spinner, Literarisches Lernen. Basisartikel, in: Praxis Deutsch 200/2006, S. 6–17.
Die Formulierungen der religiösen Kompetenzen orientieren sich an: Sekretariat der Deutschen Bischofskonferenz (Hrsg.), Kirchliche Richtlinien zu Bildungsstandards für den katholischen Religionsunterricht in den Jahrgangsstufen 5–10/Sekundarstufe I (Die deutschen Bischöfe 78) Bonn 2004, und: Sekretariat der Deutschen Bischofskonferenz (Hrsg.), Kirchliche Richtlinien zu Bildungsstandards für den katholischen Religionsunterricht in der Grundschule/Primarstufe (Die deutschen Bischöfe 85) Bonn 2006, sowie: Dietlind Fischer/Volker Elsenbast (Red.), Grundlegende Kompetenzen religiöser Bildung.

(1) Allgemeine hermeneutische Teilkompetenzen haben Gültigkeit sowohl im Deutsch- als auch im Religionsunterricht: »So fördert der Religionsunterricht beispielsweise durch die Erschließung biblischer Texte die Lesekompetenz *(literacy)* der Schülerinnen und Schüler.«[10]

Literarische Kompetenzen	Religiöse Kompetenzen
➤ Subjektive Involviertheit und genaue Wahrnehmung miteinander ins Spiel bringen ➤ Sprachliche Gestaltung aufmerksam wahrnehmen ➤ Mit Fiktionalität bewusst umgehen	➤ Deuten und Gestalten: biblische und andere Glaubenszeugnisse, Gedichte und Geschichten deuten und in Bezug zum eigenen Leben und zum Leben anderer setzen ➤ Religiöse Deutungsoptionen für Widerfahrnisse des Lebens wahrnehmen, verstehen und ihre Plausibilität prüfen

(2) Die Deutungsoffenheit literarischer, vor allem lyrischer Werke und biblischer Erzählungen fordert die Schülerinnen und Schüler zu Fragen und zur Konstruktion einer eigenen subjektorientierten Deutung/Exegese auf.

Literarische Kompetenzen	Religiöse Kompetenzen
➤ Sich auf die Unabschließbarkeit des Sinnbildungsprozesses einlassen ➤ Bereitschaft, sich in Verstehensprozesse verwickeln zu lassen, die kein bündiges Ergebnis versprechen	➤ Fragen nach sich und den anderen, nach Herkunft und Zukunft, nach Freud und Leid, nach Gut und Böse, nach dem Sinn von Leben und Tod stellen und in diesen Zusammenhängen die Frage nach Gott stellen und bedenken

---

Zur Entwicklung des evangelischen Religionsunterrichts durch Bildungsstandards für den Abschluss der Sekundarstufe I, Münster 2006.

10 Die deutschen Bischöfe 78, a.a.O., S. 15, Anm. 18.

(3) Die Rezeption verdichteter Sprache in der Lyrik ist eingebunden in das Verstehen von Symbolen und Metaphern; eine Kompetenz, die in der Religionspädagogik seit Hubertus Halbfas als religiöse Sprachlehre große Beachtung findet.

Literarische Kompetenzen	Religiöse Kompetenzen
➤ Metaphorische und symbolische Ausdrucksweise verstehen	➤ Religiöse Sprachformen (Metaphern, Symbole, Analogien) erkennen und deuten, religiöse Sprachformen sachgerecht verwenden ➤ Grundformen religiöser Sprache kennen, unterscheiden und bewerten

(4) Ethisches Lernen erfordert sowohl im Deutsch- als auch im Religionsunterricht die Einübung in den Perspektivwechsel. Literarische Texte und biblische Erzählungen verhelfen dazu, Brücken zu fremden Lebenswirklichkeiten zu bauen.

Literarische Kompetenzen	Religiöse Kompetenzen
➤ Perspektiven literarischer Figuren nachvollziehen	➤ Anteil nehmen und Verantwortung übernehmen: die Perspektive eines anderen einnehmen und Einfühlungsvermögen zeigen ➤ Sich mit anderen religiösen bzw. weltanschaulichen Überzeugungen begründet auseinandersetzen und mit Angehörigen anderer Religionen respektvoll kommunizieren

Zum Aufbau des Buches

Die zwölf thematischen Schwerpunkte, nach denen die Gedichte geordnet sind, spiegeln die Lebensbereiche von Kindern, die beiden letzten greifen darüber hinaus dezidiert christliche Inhalte auf. Die Gedichte innerhalb eines Schwerpunktes stehen durchaus in Wechselbeziehungen zueinander: Sie ergänzen, widersprechen oder bestätigen sich. Die gewählte Abfolge beinhaltet jedoch in der Regel keinen Hinweis auf eine Reihenfolge der Bearbeitung. Manche Texte lassen sich durchaus auch verschiedenen Schwerpunkten zuordnen. Über einen Vergleich verschiedener motivgleicher Gedichte lassen sich auch umfangreichere Unterrichtsvorhaben gestalten. Die zwölf Themenfelder gliedern sich in vier Blöcke:

> Die ersten drei Kapitel enthalten »Alltagsgedichte« (Mascha Kaléko), die zu ästhetischen und spirituellen Lernprozessen führen können. Sie eignen sich zur Schulung von sinnenhafter, achtsamer und aufmerksamer Wahrnehmung und zur Förderung religiöser Sprachfähigkeit, insbesondere des Verstehens metaphorischer Sprache und der Wirkmächtigkeit von Worten.

> Der zweite Block (Kapitel 4–6) schlägt eine Brücke vom Ich zum Du, einige Gedichte auch zu Gott. So führen diese Gedichte zu ethischen Fragestellungen. Die hier gegebenen religionspädagogischen Anregungen stellen die Bedeutung der Goldenen Regel als allumfassendes Gebot und die Einheit von Selbst-, Nächsten- und Gottesliebe heraus.

> Von der Polarität des Lebens und der Welt erzählen die Gedichte im dritten Block (Kapitel 7–9). Vor diesem Hintergrund können Schülerinnen und Schüler angestoßen werden, ihre Vorstellungen von Gerechtigkeit, Frieden und Gestaltung der Schöpfung zu überdenken, sich ihrer Verantwortung bewusst zu werden und aus der Vision eines weltumfassenden Friedens Mut und Hoffnung zu schöpfen.

> Die Gedichte des vierten Blocks (Kapitel 10–12) kreisen um religiöse, vorzugsweise christliche Motive und Themen: um Leben und Tod, um Jesus und Gott, um Leid und Hoffnung in der Bibel und um die Höhepunkte des Jahreskreises. Diese Texte fordern zu existenziellen Auseinandersetzungen auf. Die dichterische Spiegelung religiöser bzw. christlicher Fragen kann Schülerinnen und Schüler zur eigenen begründeten Stellungnahme und Entscheidung im Hinblick auf Religion und Glaube vorbereiten.

Jedes Themenfeld wird mit einem »Leitgedicht« eröffnet. Nach literaturkundlichen Hinweisen wird hier beispielhaft gezeigt, wie mit diesem Gedicht im Religionsunterricht gearbeitet werden kann. Am Anfang steht die Frage, welche religiöse Lesart das Gedicht zulässt. Es folgen unterrichtliche Ideen zur Erarbeitung und Hinweise auf mögliche Weiterarbeit etwa mit biblischen Geschichten oder Psalmworten. Zu den dann folgenden Gedichten des Themenfeldes gibt es knappe Hinweise.

Was im Umgang mit Lyrik im Religionsunterricht zu bedenken ist, zeigt exemplarisch die Erschließung des Gedichts »Der Engel der Langsamkeit« von Jutta Richter zu Beginn des dritten Teils des Buches, gefolgt von einer Auflistung von handlungs- und produktionsorientierten Zugängen, die erläutert und jeweils mit einem Beispiel aus der Gedichtsammlung veranschaulicht werden.

Wie kann man das Buch nutzen?

➤ Entspannt die Seiten durchblättern, sich über bekannte Gedichte freuen, das eigene Lieblingsgedicht suchen, bei einem Gedicht mit den Gedanken hängen bleiben und sich an einem neuen Favoriten erfreuen.

➤ Ein Gedicht aussuchen, eine Zeit lang mit Muße immer wieder lesen, danach erst Ideen für den Unterricht entwickeln.

➤ Sich in den Umgang mit Gedichten im Religionsunterricht mit dem »Engel der Langsamkeit« einstimmen und dazu die Einführung in die Methodenzusammenstellung lesen.

➤ Die Themenfelder im Inhaltsverzeichnis zu einem Unterrichtsvorhaben im Religionsunterricht, zu bestimmten Anlässen im Schulleben, für einen Schulgottesdienst durchforsten, ein Gedicht in die engere Auswahl ziehen, die weiteren Texte des Themenfeldes hinzunehmen, vergleichen, sich mit dem gewählten Gedicht und den Anregungen mit Blick auf die eigene Schülergruppe auseinandersetzen.

➤ Sich durch verschiedene Gedichte anregen lassen, fächerübergreifende Projekte durchzuführen.

➤ Die Gedichte für eine klasseneigene Gedichtkartei zusammenstellen.

➤ Zu einem Gedicht Zugangswege suchen, sich über eine bestimmte Methode gezielt informieren, dazu das Methodenmanual (S. 157ff.) und die Auflistung der Kompetenzen (S. 19f.) zurate ziehen und entscheiden, wie sich das Gedicht erschließen lässt.

II.
Die Gedichte

1.
»Ich drehe jetzt die Wörter einfach um«

Von Worten und Bildern

Wo kommen all die Wörter her?

Wo kommen all die Wörter her?
Wo gehen sie bloß hin?
Warum liegt dieses Wort so schwer
Das andre leicht im Sinn?

Dem alten Stuhl fehlt schon ein Bein.
Warum kann er nicht hinken?
Und warum kann der große Kran
Mit seinem Arm nicht winken?

Ich treff den Nagel auf den Kopf
Und trotzdem bleibt er stumm.
Denn dieser Kopf hat keinen Mund.
Ich frage mich warum?

Mein Bett kann eine Wiese sein
Oder ein großes Boot.
Wie ich mich bette, liege ich.
Warum heißt blau nicht rot?

Zum Trost hat man mir oft gesagt,
Es käme eine Zeit,
Da würden Letzte Erste sein,
Es wäre bald so weit.

Es ist so weit. Ich drehe jetzt
Die Wörter einfach um.
Ich schweige mich ins Niemandsland
Und bleib für immer stumm.

Jutta Richter

JUTTA RICHTER, geboren 1955 in Westfalen, schrieb als Austauschschülerin in den USA ihr erstes, viel beachtetes Buch. Heute ist sie eine renommierte, mit zahlreichen Preisen ausgezeichnete Autorin von Kinder- und Jugendromanen, von Gedichten und Liedtexten, die auch biblische Texte paraphrasieren. Mit ihrem Sinn für leise Zwischentöne fesselt sie Erwachsene und Kinder gleichermaßen. Sie schreibt in einer bilderreichen und kraftvollen Sprache über den Anfang des Lebens, über Streit, Leid und Tod. Mit leichten Worten gelingt es ihr, Schweres auszudrücken, und mit kleinen Worten große Fragen zu stellen.

Entdeckungen am Text

Verändern Wörter die Realität? Diese gewichtige Frage verbirgt sich hinter dem scheinbar harmlosen Gedicht von Jutta Richter: »Wo kommen all die Wörter her?« Die Autorin nimmt ihre Leserinnen und Leser mit in ihre Sprachwerkstatt, experimentiert in kindlicher Unbefangenheit und fragt mit eingängigen Vierzeilern nach Wörtern, nach Doppelbedeutungen und Sinnverschiebungen. Ihre Wörter bekommen sinnliche Qualitäten, man sieht sie und spürt ihr Gewicht, sie entziehen sich als Vergleiche, Metaphern und Redewendungen dem eindeutig Vorstellbaren, bis schließlich Wort und Ding scheinbar nicht mehr übereinstimmen. Doch wohin führt das Spiel mit den Wörtern? Bei der Dichterin zur Hoffnung auf tatsächliche Veränderung, auf die mögliche Umkehrung von Wertigkeiten; denn oft wurde ihr schon die größte und letztmögliche Verdrehung, die biblische Vision von den Ersten und den Letzten als Trost angeboten. In dieser Haltung spielt die Dichterin ihr Spiel. Aber ihr Wörterverdrehen führt nicht zur Umkehrung der Verhältnisse, sondern zur ewigen Stummheit, zum bitteren Ende jeder Kommunikation. Verwirrung stiftet der Schluss des Gedichtes, erwarten Leserinnen und Leser doch von dem dichterischen Wort eine Kraft zur Umwälzung und nicht eine Absage an die wirklichkeitsverändernde Kraft von Sprache. Oder darf man ganz einfach den Anfang der letzten Strophe als Aufforderung an Kinder verstehen, selbst sprachschöpferisch tätig zu sein und die letzten Zeilen umzudrehen? Dann könnte aus der Stummheit die Beredsamkeit und dem Niemandsland ein Wortreich werden, in dem alle leben können.

Türen zum Religionsunterricht

Der didaktische Ort der Erschließung dieses Gedichts liegt vorrangig in der Förderung der religiösen Sprachfähigkeit, die ein Verstehen auf unterschiedlichen Ebenen erfordert. Dazu regt das Gedicht mit dem Spiel von der übertragenen Bedeutung von Wörtern, von bildhaften Vergleichen und Redewendungen an. Die Reflexion über die Entstehung und Bedeutung von Sprache lässt Kinder und Jugendliche scheinbar Selbstverständliches infrage stellen. Das Bild von den Letzten und den Ersten, das die Welt mit ihren eingefahrenen Gesetzen und Ordnungen auf den Kopf stellt, könnte auch Kindern Hoffnung geben, selber nicht mehr klein, sondern groß zu sein. Bei aller Zweideutigkeit und Problematik des Schlusses kann es zunächst reizvoll sein, das Spiel des Wörtervertauschens mit Kindern in den letzten Zeilen des Gedichts tatsächlich durchzuführen.

Dann aber sollte die zweite Variante der Interpretation Eingang in den Religionsunterricht finden: dass eine Vertröstung auf eine Zeit danach, in der die Kleinen endlich zu ihrem Recht kommen werden, trügerisch ist und dass Sprache, mit der man durchaus spielen kann, stumm und einsam machen kann, wenn sie eigenmächtig instrumentalisiert wird. Hier sollte die Auseinandersetzung mit der biblischen Redensart »Die Letzten werden die Ersten sein« (Mt 19,30) zu den vielen Geschichten vor allem des Neuen Testaments führen, die die Vorrangstellung der Zuletzt- bzw. Zukurzgekommenen vor den Siegern und Gewinnern betonen. In der Bibel wird davon erzählt, dass Gottes Maßstäbe nicht nur Worte, sondern auch die erfahrene Wirklichkeit »umdrehen«. Im Abwägen von biblischen und dichterischen Vorstellungen könnte man Schülerinnen und Schüler aber auch für die Spannung zwischen den Verheißungen einer menschenfreundlichen Welt und der Wahrnehmung unserer Realität sensibilisieren, von der vor allem die Reich-Gottes-Geschichten sprechen.

Religionspädagogische Bezüge

➤ Philosophieren über die Bedeutung und Wirkung von Sprache.
➤ Verstehen von Bildern und verschiedenen Sprechweisen, von mehrdimensionaler Sprache.
➤ Bibel: biblische Redensarten: »Die Ersten werden die Letzten sein und die Letzten die Ersten« (Mt 19,30); Sätze aus dem Magnifikat (Lk 1,46–54) oder aus den Seligpreisungen (Mt 5,3–11), Reich-Gottes-Gleichnisse.

29

Anregungen

➤ Sammelt schwere, leichte, kleine, große, dicke, dünne, starke, schwache ... Wörter!

➤ Gestaltet eine Collage mit diesen Wörtern zu der ersten Strophe des Gedichtes! (Nur diese Strophe ist den Schülerinnen und Schülern bislang bekannt.)

➤ Schreibt weitere Warum-Fragen zum Thema »Sprache« auf!

➤ Lest das ganze Gedicht!

➤ Sammelt weitere Beispiele, die wie die zweite Strophe mit Wortbedeutungen spielen, etwa:
Die Vögel fliegen in einem Zug,
warum brauchen sie keinen Fahrschein?

Der Uhrzeiger rennt,
warum ...?

➤ Schreibt Sinnes-Gedichte zu Wörtern aus Jutta Richters Gedicht (siehe Methoden-Box)!

➤ Lest die letzte Strophe und dreht die Wörter um! Sucht Gegenteilwörter zu: »Schweigen«, »Niemandsland«, »stumm«!

➤ Schreibt die letzten zwei Zeilen mit den eigenen Wörtern neu!

➤ Gestaltet biblischen Redensarten als Pantomimen!
Die Ersten werden die Letzten sein und die Letzten werden die Ersten sein
(Mt 19,30).
Die Gesunden bedürfen des Arztes nicht (Mt 9,12).
Den Splitter im Auge des anderen sehen, den Balken im eigenen Auge nicht
(Mt 7,3–5).
Ein Herz und eine Seele sein (Apg 4,32).

➤ Spielt Szenen zu der Redewendung: »Die Ersten werden die Letzten sein und die Letzten werden die Ersten sein!«

➤ Sucht weitere Umkehrsätze aus der Bibel (Magnifikat, Seligpreisungen) und schreibt Texte dazu!

➤ Bezieht Position zu dem Satz: »Es ist so weit – das Reich Gottes ist da!« (mittels Stuhltheater/Vier-Ecken-Spiel/Meinungslinie; siehe nebenstehende Methoden-Box).

Methoden-Box

Sinnes-Gedichte

In einem Sinnes-Gedicht nehmen die Schülerinnen und Schüler die sinnliche Qualität eines Wortes durch Sehen, Hören, Fühlen, Riechen und Schmecken aufmerksam wahr. Zu einem Wort werden nacheinander die fünf Wahrnehmungsarten konkret oder in Metaphern in fünf Zeilen verbalisiert. Als Beispiel hier ein Sinnes-Gedicht zum Thema »Wasser«:

Wasser

blaue Fläche	Sehen
tiefe Stille	Hören
Samt und Seide	Fühlen
herbes Nichts	Riechen
kühle Frische	Schmecken

Meinungslinie

Die Meinungslinie ist eine Methode, seine eigene Meinung zu äußern und zu visualisieren, indem man auf einer Linie (aus Kreppband oder mit einer Schnur markieren) einen »Standpunkt« einnimmt. Zu einem Impuls positionieren sich die Schülerinnen und Schüler zwischen den Enden der Linie als den beiden Polen »Zustimmung« und »Ablehnung«. Das entstandene Meinungsbild wird als Ganzes diskutiert, bevor einzelne Schülerinnen und Schüler oder auch Schüler-Gruppen begründen, warum sie sich an dieser Stelle positioniert haben.

Stuhltheater

In Abwandlung des klassischen Stuhltheaters zur Einfühlung in verschiedene Rollen geht es hier um eine persönliche Positionierung zu zwei Standpunkten. Es werden zwei Stühle aufgestellt, die mit Ja/Nein beschriftet sind. Wer sich auf einen dieser Stühle setzt, begründet seine Entscheidung zu einem bestimmten Impuls, diskutiert sie und kommt evtl. auch mit dem Gegenüber auf dem zweiten Stuhl darüber ins Gespräch.

Vier-Ecken-Spiel

Mit dieser Methode wird dazu aufgefordert, möglichst viele Argumente für oder gegen eine Entscheidung zu sammeln. Dazu wird auf Plakate, die in den vier Ecken eines Raumes verteilt sind, Folgendes geschrieben: 1. *Ja, weil …* / 2. *Ja, aber…* / 3. *Nein, weil …* / 4. *Nein, aber …* Die Schülerinnen und Schüler ergänzen an den Stationen diese Satzanfänge.

Zur Weiterarbeit

Es lohnt ein Vergleich mit der bekannten Parallelgeschichte von Peter Bichsel »Ein Tisch ist ein Tisch« (aus: Peter Bichsel, Kindergeschichten, Neuwied/ Berlin 1969). Hier wird von der enttäuschten Hoffnung eines alten Mannes erzählt, der durch das Vertauschen von Wörtern eine neue Sprachwelt und damit eine neue Wirklichkeit schaffen will. Wie in Jutta Richters Gedicht steht am Ende die Verstummung.

Auch das nebenstehende Gedicht »Wörter und Bilder« von Hans Manz kann in Beziehung zu »Wo kommen all die Wörter her« gesetzt werden.

Eine Verknüpfung mit Bertolt Brechts »Das Lied von der Moldau« (S. 130) lässt sich mit älteren Schülerinnen und Schüßlern erarbeiten.

Wörter und Bilder

Das Wort Stein
dem und jenem,
jener und dieser in den Mund gelegt:
Einem Maurer
einer Gärtnerin
einem Friedhofsbesucher
einer Ärztin
einem Zahnarzt
einer Kirschenesserin
einem Mühlespieler
einer Juwelenhändlerin
einem Hartherzigen
einer Bildhauerin
und zugesehen,
wie sich die Bilder
zum immer gleichen Wort verändern.

Hans Manz

(*Backstein, Kieselstein, Grabstein, Gallen- oder Nierenstein, Zahnstein, Kirschstein, Spielstein, Edelstein, Herz aus Stein, Granit- oder Marmorplastik*)

Der 1931 in der Nähe von Zürich geborene Lehrer, Lyriker, Übersetzer und Autor von Kinderbüchern HANS MANZ hat viele Kindergedichte mit seinen Schülerinnen und Schülern gemeinsam verfasst. Seine witzigen Lautmalereien, originellen Sprachspiele, Reime und Redewendungen hat er u. a. in seinen bekannten »Sprachbüchern« gesammelt. Ihn reizt die Mehr- und Doppelbödigkeit von Wörtern. So zeigt er in diesem Gedicht, wie ein Wort aus der Perspektive unterschiedlicher Menschen eine jeweils andere Vorstellung hervorruft: Anlass, im Religionsunterricht die Eindimensionalität von Sprache aufzubrechen.

Worte

Jedes Wort meint sich selber
Und deutet zugleich auf andres.
Anemone – die Blume.
Anemone – das Kind.
Alle Worte sind Chiffren.

Auch wer Stein sagt, oder Kristall,
spricht von der Weltgeschichte.

Christine Busta

Die Motive der österreichischen Lyrikerin CHRISTINE BUSTA (1915–1987), deren Werke insgesamt ein religiöser Grundton durchzieht, stammen häufig aus der Natur. Hier geht es um die Mehrdeutigkeit und den Symbolcharakter einer Blume und eines Steines. Die Erschließung des Gedichts im Religionsunterricht kann religiöse Sprachfähigkeit fördern, vor allem die Freude, den Symbolgehalt von Wörtern zu entdecken. Lohnend ist auch ein Vergleich mit Jutta Richters Gedicht »Wo kommen all die Wörter her?« (S. 27) im Blick auf die Mehrdeutigkeit von Worten/Wörtern.

Die großen Worte

Die großen Worte
sind verlorengegangen
Es heißt
mit winzigen Wörtern
werben
um Frieden und Liebe
im Namen der Religionen
im Namen der Ermordeten
im Namen der Lebenden
die leben wollen
im Gold und Grün
unsrer Erde

Rose Ausländer

Zentrale Themen der Gedichte der jüdischen Lyrikerin ROSE AUSLÄNDER (1901–1988) sind Judenverfolgung und Exil, lebte sie doch selbst im Ghetto in Czernowitz/Bukowina und viele Jahre fern ihrer Heimat in den USA. Die großen Worte für Frieden und Liebe sind ihr in diesen bitteren Zeiten abhandengekommen. Stellvertretend für die Opfer und Überlebenden auf unserer Erde wirbt sie mit »winzigen« Wörtern über alle Grenzen hinweg um Frieden und Liebe. Die Suche nach solchen kleinen Hoffnungsworten kann Thema des Religionsunterrichts sein.

Unaufhaltsam

Das eigene Wort,
wer holt es zurück,
das lebendige
eben noch ungesprochene
Wort?

Wo das Wort vorbeifliegt
verdorren die Gräser,
werden die Blätter gelb,
fällt der Schnee.
Ein Vogel käme dir wieder.
Nicht dein Wort,
das eben noch ungesagte,
in deinen Mund.
Du schickst andere Worte
hinterdrein,
Worte mit bunten, weichen
Federn.
Das Wort ist schneller,
das schwarze Wort.
Es kommt immer an,
es hört nicht auf, anzukommen.
Lieber ein Messer als ein Wort.
Ein Messer kann stumpf sein.
Ein Messer trifft oft
am Herzen vorbei.
Nicht das Wort.

Am Ende ist das Wort
immer
am Ende
das Wort.

Hilde Domin

HILDE DOMIN wurde 1909 in Köln geboren und lebte nach ihrem langjährigen Exil ab 1951 bis zu ihrem Tode 2006 wieder in Deutschland. Wie in vielen der Gedichte der jüdischen Schriftstellerin steht auch hier das Wort im Mittelpunkt. In Bildern und Vergleichen wird die Wirkmächtigkeit von Sprache geschildert: Worte, die verletzen und nicht wieder zurückgeholt werden können. Dieses Gedicht über die zerstörerische Kraft von Worten kann im Religionsunterricht auch zu biblischen Texten in Beziehung gesetzt werden, etwa zu Jak 3,5.8 von der Macht der Zunge, zu Jes 55,10f. über die Wirksamkeit von Gottes Wort oder auch zu dem schöpferischen Wort Gottes am Anfang (Joh 1,1–5).

Liebe Aygün!

Schenk mir deine Wörter,
schenk sie mir bald,
Wörter für Himmel,
für Sonne und Wald.
Wörter für Wiesen,
mit Blumen bestreut,
Wörter für Flüsse,
für unendlich weit.

Wörter für Schafe,
mit Fellen ganz dicht,
Wörter für Türme,
wie Glas so licht.
Wörter für Freundschaft,
für Frieden und Liebe,
sind Wörter für Kinder,
für unsere Spiele.

Marianne Kreft

MARIANNE KREFT ist der Künstlername für die Lehrerin Marianne Weber (geb. 1939), die in Mannheim lebt und deren Gedichte in einer Reihe von Lesebüchern für Kinder aufgenommen worden sind. In diesem Brief eines deutschen Kindes an ein türkisches Mädchen geht es um die Sprache als Brücke zur Verständigung. Die Bitte um das Geschenk von Wörtern drückt eine Wertschätzung der fremden Sprache aus. Damit leistet das Gedicht einen Beitrag zur interkulturellen und interreligiösen Erziehung.

Ich erzähle dir

Ich erzähle dir die Geschichte
vom Himmel

Der Himmel hat keine Bäume
der Himmel hat keine Vögel
der Himmel ist auch kein Erdbeerfeld

Der Himmel ist ein Kleid
das der Erde zu weit ist

Der Himmel hat morgens
und abends ein rosa Dach

Der Himmel ist ein Haus
da hinein sollten wir kriechen

Der Himmel ist nicht so wie du denkst
der Himmel ist blau

Elisabeth Borchers

ELISABETH BORCHERS (geb. 1926 am Niederrhein) arbeitete als Lektorin bei Luchterhand und Suhrkamp und hat eine Reihe von Gedichtbüchern und Kinderbüchern veröffentlicht. Am bekanntesten dürften ihre Gedichte zu den Monaten sein, die sich in vielen Anthologien und Lesebüchern finden. Ihre Lyrik lebt von überraschenden Wendungen, wirkt zunächst einfach – und fesselt durch die Hintergründigkeit, die sich bei näherem Hinsehen auftut. Das macht ihre Gedichte gerade für den Religionsunterricht interessant. Wie in einem Puzzle setzt sie hier ein Bild vom Himmel zusammen: reiht Assoziationen aneinander, verwirft sie wieder, lässt Leerstellen. Das kann Schülerinnen und Schüler anregen, selbst über den Himmel zu philosophieren, vielleicht auch in Verbindung mit dem Gedicht von Peter Helbich »Ein Stück Himmel« (S. 40). Über die Metapher eines Kleides in der dritten Strophe kann an Ps 104,1–2 angeknüpft werden.

Ein Stück Himmel

Wir sollten
am Abend
vor das Haus treten
tief die Luft einatmen
und den Blick
zum Himmel richten; dem Gesang des Vogels
auf dem Dach lauschen
und das milde Licht der Abendsonne fühlen.
Wir sollten
beim Schließen der Türen
nicht vergessen
etwas davon mit ins Haus zu nehmen
vor allem
ein Stück des Himmels.

Peter Helbich

Der Pfarrer und Dichter PETER HELBICH (geb. 1937), der aus einer Pfarrer-familie in Bad Steben stammt, beschreibt in seinem Gedicht den Himmel als Naturerscheinung, die mit allen Sinnen wahrgenommen werden soll. Frei von Zeit und Raum sollte sich der Mensch diese Stimmung bewahren. Das Ge-dicht leistet im Religionsunterricht einen Beitrag zu einem Verständnis vom Bildwort »Himmel«, das keinen Ort, sondern einen Zustand von Schönheit und Frieden repräsentiert. Weiterführend kann mit Elisabeth Borchers Ge-dicht »Ich erzähle dir die Geschichte vom Himmel« (S. 39) und dem Lied »Weißt du, wo der Himmel ist?« von Ludger Edelkötter gearbeitet werden.

Weißt du, wo der Himmel ist

T: Wilhelm Willms
M: Ludger Edelkötter
Aus: Weißt du, wo der Himmel ist
© KiMu Kinder Musik Verlag GmbH,
50259 Pulheim

1. Weißt du, wo der Him-mel ist, au-ßen o-der in-nen; ei-ne Hand-breit rechts und links, du bist mit-ten drin-nen, du bist mit-ten drin-nen.

2. Weißt du, wo der Himmel ist, nicht so tief verborgen;
   einen Sprung aus dir heraus, aus dem Haus der Sorgen.

3. Weißt du, wo der Himmel ist, nicht so hoch da oben;
   sag doch Ja zu dir und mir, du bist aufgehoben.

2.
»Auf diesen Ton bist du gestimmt«

Von Augen und Ohren

Lauschender

Er wartet auf Botschaft
schon lange.
Jemand hat ihm gesagt:

Sei wachsam lausche
halte dich still
und die Hand ans Ohr.
Irgendwo wird das Wort
ausgesprochen.
Irgendwo
schlägt die Glocke an.
Irgendwann wird sich der Ton
ausfiltern lassen aus dem Geräusch
des Windes.
Auf diesen Ton
bist du gestimmt,
so lausche.

Gertrud Fussenegger

Das Werk der vielfach ausgezeichneten österreichischen Schriftstellerin
GERTRUD FUSSENEGGER (1912–2009) spiegelt ihre Verbundenheit mit der
christlichen Religion. In ihren symbolreichen Romanen und Erzählungen verarbeitete sie oft historische Motive und Geschichten. Sie war wegen ihrer
NSDAP-Zugehörigkeit in früheren Jahren heftig umstritten, setzte sich aber
nach dem Ende des Dritten Reiches immer wieder mit dieser Zeit und der
Frage der Schuld auseinander.

Gertrud Fussenegger fordert in ihrem Gedicht nicht zum Zuhören auf im Sinne der Kommunikation mit anderen, sondern zum bewussten, fein unterscheidenden Hinhören. Ihr reim- und strophenloser Text, als Gedicht sprachlich am ehesten durch die Verbklammer (»halten«, Zeile 6/7) und die Wiederholungen der Zeilenlängen (Zeilen 8, 10, 12) zu erkennen, kreist um das Lauschen auf das Wort in seiner positiven Konnotation.

»Lauschen« – wer legt nicht automatisch bei diesem Wort die Hand ans Ohr? Auch dem »Lauschenden« in Gertrud Fusseneggers Gedicht wird empfohlen, ganz Ohr zu sein. Auf Botschaft wartet er schon lange – auf irgendeine, nicht näher bestimmte – und um sie zu hören, muss er wachsam sein, so empfiehlt ihm »jemand«. Die Szene steht uns lebhaft vor Augen, aber auf was soll der oder die Angesprochene warten? Unbestimmt ist nicht nur die Botschaft, sondern auch ihr Woher und Wann; »irgendwo« und »irgendwann« heißt es im Gedicht. Woran wird sie zu erkennen sein? In drei sich steigernden Bildern entfaltet Gertrud Fussenegger das, was sich nur dem Lauschenden offenbart: ein Wort, eine Glocke und irgendwann ein Ton. Diesen Ton zu identifizieren, darauf kommt es an. Denn – und hier wendet sich die Autorin ganz persönlich an die Leserin, den Leser – »auf diesen Ton bist du gestimmt«. Wie viel Wachsamkeit braucht es, die Botschaft zu vernehmen und auch zu verstehen? Ein Wort oder gar eine Glocke kann kaum überhört werden, aber ein feiner, kleiner Ton geht leicht unter im »Geräusch des Windes«. Nur wer mit innerer Wachsamkeit wirklich »hört«, nimmt den Ton wahr, der für ihn bestimmt ist, stimmig ist, auf den ihn jemand gestimmt hat.

Türen zum Religionsunterricht

Das Wort »lauschen« hat eine andere Qualität als das Verb »hören«, bezeichnet es doch mehr als die Sinnestätigkeit. Es erweckt in uns Assoziationen von Sich-Versenken, eine wichtige Basiskompetenz im Kontext religiöser Lernprozesse. Erst in der Stille öffnen sich Wege nach innen, zu sich selbst und damit zu Gott, der »Stimme verschwebenden Schweigens« (1 Kön 19,12b). Sind die Saiten meiner Seele nicht »ge-stimmt«, weil es mir an innerer Aufmerksamkeit fehlt, gibt es keinen Einklang mit dem Ton, der für mich »be-stimmt« ist, dann »stimmt« die Melodie meines Lebens nicht. Dieses Bild des Gedichts evoziert eine sinnenhafte Erfahrung des Lauschens, eine Basis für den Zugang zu einer Vielzahl biblischer Texte. Im Alten und im Neuen Testament richtet sich die Stimme Gottes an Menschen mit einem hörenden Herzen (vgl. 1 Kön 3,9).

Religionspädagogische Bezüge

➤ In die Stille hören, das Lauschen lernen, meinen eigenen Ton vernehmen.
➤ Bibel: Ein hörendes Herz (1 Kön 3,9); verschiedene Texte zum Thema »Hören/Nicht-Hören« (siehe unten).

Anregungen

➤ Beschreibt, was ihr mit geschlossenen Augen in der Stille hört! Was macht es schwer, in die Stille zu horchen?
➤ Betrachtet das Bild »Der Hörende« von Toni Zenz schweigend (siehe Abbildung S. 47; den Titel nicht nennen)! Ahmt die Haltung des Menschen nach und lasst das Gedicht »Lauschender« in verschiedenen Lautstärken auf euch wirken!
➤ Vergleicht das Bild mit dem (nur gehörten) Text!
➤ Gestaltet den Text von Gertrud Fussenegger (fortlaufend gesetzt) als Gedicht! Wo macht ihr Zeilenumbrüche? Warum?
➤ Vergleicht mit dem Gedicht der Autorin!
➤ Singt das Lied »Schweige und höre« (S. 46) zu Akkorden einer schlecht gestimmten und einer richtig gestimmten Gitarre. Erklärt jetzt den Satz: »Auf diesen Ton bist du gestimmt.«
➤ Auf welchen Ton sind die Menschen – bist du gestimmt?
➤ Malt Bilder nur mit Farben und Formen zu dem Gedicht!
➤ Malt Bilder zu dem Text: »Verleihe daher deinem Knecht ein hörendes Herz, damit er das Gute vom Bösen zu unterscheiden lernt« (1 Kön 3,9).

Schweige und höre

T: Michael Hermes (nach der Regel des
hl. Benedikt) © Benediktinerabtei
Königsmünster, Meschede
M: aus England

Schwei - ge und hö - re, nei - ge dei - nes

Her - zens Ohr, su - che den Frie - den.

Toni Zenz, Der Hörende, 1957

Zur Weiterarbeit

- ➤ »Höre, Israel« (Dtn 6,4)
- ➤ Samuels Berufung (1 Sam 3,1–21)
- ➤ Elijas Begegnung mit Gott in der Stille (1 Kön 19,1–13)
- ➤ »Fürchte dich nicht, ich habe dich beim Namen gerufen, du gehörst mir« (Jes 43,1b)
- ➤ Die Erzählung von Jona
- ➤ Die Heilung des Taubstummen (Mk 7,31–37)
- ➤ Das Gleichnis vom Sämann (Mt 13,3–8)

Die Drossel singt

Wenn ich sage: DIE DROSSEL SINGT,
So will das nicht viel sagen
Für den, der nicht weiß, wie der Drosselsang klingt.
Er kann nicht übertragen,
Was an meinen Worten wirklich ist.
Ihm fehlen Bilder und Töne.
Nur wenn man sie an Erfahrungen misst,
Verwandeln sich Worte ins schöne
Gefühl. Man erweitert sie
Um Zeiten und um Welten.
Wem nie die Drossel sang märzmorgenfrüh,
Dem kann mein Wort nicht gelten.

Eva Strittmatter

EVA STRITTMATTER (1930–2011) gehörte zu den bekanntesten Autorinnen der DDR. Sie schrieb vor allem Gedichte, aber auch Prosa für Erwachsene und Kinder. Ihre Gedichte berühren durch die Schlichtheit der Sprache. Naturerfahrungen spielen eine große Rolle. Sie selbst sagte rückblickend (1996): »Mit den Jahren verstand ich, was die Konstante meines Lebens ist, das Verhältnis zur Natur, die Rührung über ihre Erscheinungen.« Im Mittelpunkt ihres Textes steht der Gesang einer Drossel: Doch die Wörter allein, mit denen das lyrische Ich den Gesang einer Drossel näherzubringen versucht, bleiben leer und schal, wenn sie nicht durch Erfahrung gefüllt sind. Eine ganzheitliche, sinnenhafte Wahrnehmungsschulung ist im Religionsunterricht Voraussetzung für viele Lernprozesse, etwa in der Symbolerziehung.

Sterne

Zu wenig Zeit genommen
für die Betrachtung der Sterne.
Ich rede nicht von Teleskopen.
Ich spreche von einer Dachluke
in einer ganz gewöhnlichen
wolkenlosen Nacht.
Vom Heimweg zu später Stunde,
nur flüchtig aufschauend,
den Schlüssel schon im Schloss.
Nicht, was ich nicht weiß,
reut mich.
Mich reut
der nachlässige Gebrauch
meiner Augen.

Rainer Malkowski

RAINER MALKOWSKI (1939–2003), geboren in Berlin, in den 1960er-Jahren in Frankfurt am Main und Düsseldorf in einigen großen Werbeagenturen tätig, gab 1972 seinen Beruf auf, um sich ganz dem Schreiben zu widmen. Der Autor beschreibt in dem Gedicht das Bedauern, ja die Reue (was auch christlich konnotiert werden kann) über seine nachlässige Haltung in der Wahrnehmung der Welt. Das macht er an zwei Augenblicken fest, in denen er es an Achtsamkeit fehlen ließ. Mit dieser Botschaft leistet das Gedicht einen Beitrag zur Verlangsamung religiöser Lernprozesse im Rahmen ästhetischen Lernens.

Der Sehmann

Der schönste Beruf
ist der eines Sehmannes
eines Mannes der in das Sehen
unsterblich verliebt ist.
Der Beruf eines Seemannes
also eines Mannes der in See sticht
der Beruf eines Seefahrers
ist auch nicht schlecht
aber kann dem des Sehmannes
nicht das Wasser reichen.
Der Sehmann sticht mit seinen Blicken
nicht nur in das Wasser
sondern auch in das Feuer in die Erde in die Luft.
Der Sehmann sticht Blicke
sticht Sternenküsse in den Himmel.
Tag und Nacht
küssen seine Augen die Traumtiefen.
Nicht einmal von den Märchenkapitäninnen
die in ihren Märchenschiffen
Lichtanker Lichtblicke Lichtpunkte
Hoffnungsstrahlen
mit sich führen
lässt er sich beirren.

Hans Arp

Der deutsch-französische Maler, Bildhauer und Dichter HANS ARP (1886–1966) ist bekannt für seine Wortspiele – hier das vom Seh- und vom Seemann. Die gleichlautenden Wörter regen ihn zu einem Vergleich an und lassen ihn die Vorzüge der sinnlichen Wahrnehmung eines Sehmanns gegenüber der »eindimensionalen« Arbeit eines Seemanns herausstellen. Im Religionsunterricht kann das Gedicht zum Gespräch über die Mehrdimensionalität des Sehens führen; unterstützt z.B. durch einen Vergleich von Arps »Sehmann« mit dem Holzschnitt »Herzauge« von HAP Grieshaber.

HAP Grieshaber, Herzauge, 1937

Abendlied

Der Mond ist aufgegangen,
die goldnen Sternlein prangen
am Himmel hell und klar.
Der Wald steht schwarz und schweiget,
und aus den Wiesen steiget
der weiße Nebel wunderbar.

Wie ist die Welt so stille
und in der Dämmerung Hülle
so traulich und so hold
als eine stille Kammer,
wo ihr des Tages Jammer
verschlafen und vergessen sollt.

Sehr ihr den Mond dort stehen?
Er ist nur halb zu sehen
und ist doch rund und schön.
So sind wohl manche Sachen,
die wir getrost belachen,
weil unsre Augen sie nicht sehn.

Wir stolzen Menschenkinder
sind eitel arme Sünder
und wissen gar nicht viel.
Wir spinnen Luftgespinste
und suchen viele Künste
und kommen weiter von dem Ziel.

Gott, lass dein Heil uns schauen,
auf nichts Vergänglichs trauen,
nicht Eitelkeit uns freun;
lass uns einfältig werden
und vor dir hier auf Erden
wie Kinder fromm und fröhlich sein.

Wollst endlich sonder Grämen
aus dieser Welt uns nehmen
durch einen sanften Tod;
und wenn du uns genommen
lass uns in' Himmel kommen,
du unser Herr und unser Gott.

So legt euch denn, ihr Brüder,
in Gottes Namen nieder;
kalt ist der Abendhauch.
Verschon uns, Gott, mit Strafen
und lass uns ruhig schlafen.
Und unsere kranken Nachbarn auch!

Matthias Claudius

Von MATTHIAS CLAUDIUS (1740–1815) stammt dieses wohl bekannteste deutsche Abendlied, das innige Naturfrömmigkeit, Aufforderung zur rechten Einfalt mit anrührendem christlichem Trost verbindet. Mit diesem alten Gedicht können wir – wie schon Generationen von Menschen vor uns – dem Vertrauen auf Gottes Liebe und die Geborgenheit bei ihm (auch über den Tod hinaus) Ausdruck geben. Im theologischen und auch religionspädagogischen Kontext lassen besonders die Zeilen über den Gegensatz vom äußeren und inneren Sehen aufmerken (3. Strophe; Anregungen dazu siehe auch S. 59).

Wenn nicht mehr Zahlen und Figuren

Wenn nicht mehr Zahlen und Figuren
Sind Schlüssel aller Kreaturen,
Wenn die, so singen oder küssen,
Mehr als die Tiefgelehrten wissen,
Wenn sich die Welt ins freie Leben
Und in die Welt wird zurückbegeben,
Wenn dann sich wieder Licht und Schatten
Zu echter Klarheit werden gatten
Und man in Märchen und Gedichten
Erkennt die ewgen Weltgeschichten,
Dann fliegt vor Einem geheimen Wort
Das ganze verkehrte Wesen fort.

Novalis

Mit diesem Gedicht beschreibt Novalis, eigentlich Friedrich von Har-
denberg (1772–1801), im Sinne der Romantik das Wesen seiner Kunst, die
jenseits eines rationalen Zugangs Türen zur Welt der Magie und Phantasie
öffnet. Mit Schülerinnen und Schülern kann über die Bedeutung mythischer
Sprache nachgedacht werden, über den Stellenwert von äußerer und innerer
Wahrheit. Auch »Zauberwörter«, die offen sind für menschliche und religiöse
Deutung, für Geheimnisse wie Liebe, Dankbarkeit, Geborgenheit, können
Thema des Unterrichts sein.

3.
»Ich freue mich vor allem, dass ich bin«

Vom Glück der kleinen Dinge

Sozusagen grundlos vergnügt

Ich freu mich, daß am Himmel Wolken ziehen
Und daß es regnet, hagelt, friert und schneit.
Ich freu mich auch zur grünen Jahreszeit,
Wenn Heckenrosen und Holunder blühen.
– Daß Amseln flöten und daß Immen summen,
Daß Mücken stechen und das Brummer brummen.
Daß rote Luftballons ins Blaue steigen.
Daß Spatzen schwatzen. Und daß Fische schweigen.

Ich freu mich, daß der Mond am Himmel steht
Und daß die Sonne täglich neu aufgeht.
Daß Herbst dem Sommer folgt und Lenz dem Winter,
Gefällt mir wohl. Da steckt ein Sinn dahinter,
Wenn auch die Neunmalklugen ihn nicht sehn.
Man kann nicht alles mit dem Kopf verstehn!
Ich freue mich. Das ist des Lebens Sinn.
Ich freue mich vor allem, daß ich bin.

In mir ist alles aufgeräumt und heiter:
Die Diele blitzt. Das Feuer ist geschürt.
An solchem Tag erklettert man die Leiter,
Die von der Erde in den Himmel führt.
Da kann der Mensch, wie es ihm vorgeschrieben,
– Weil er sich selber liebt – den Nächsten lieben.
Ich freue mich, daß ich mich an das Schöne
Und an das Wunder niemals ganz gewöhne.
Daß alles so erstaunlich bleibt, und neu!
Ich freu mich, daß ich ... Daß ich mich freu.

Mascha Kaléko

Die russisch-jüdische Lyrikerin MASCHA KALÉKO (1907–1975), in Galizien geboren, aufgewachsen in Berlin, wo sie Anfang der 30er-Jahre mit ihren Großstadtgedichten voll romantischer Ironie Furore machte, emigrierte 1938 nach New York, seit 1959 lebte sie in Jerusalem. Sie schrieb trotz der Widrigkeiten ihres Emigrantenlebens viele Gedichte, in denen sie Bilder des Normalen, des Alltäglichen entwarf: »Alltagsgedichte«, auch mit hoffnungsvollen Untertönen. In »Sozusagen grundlos vergnügt« gibt sie ihrer Freude am Leben, die sich aus der Freude an den kleinen Dingen speist, Ausdruck.

Entdeckungen am Text

»Vergnügen« – das Wort weckt Vorstellungen von einem freudigen, heiteren Erlebnis, einer einmaligen Aktion oder einem besonderen Event. In ihrer Überschrift fügt Mascha Kaléko jedoch zwei Wörter hinzu, die aufhorchen lassen: Hier ist jemand »grundlos« vergnügt, aber nur »sozusagen«. Denn was dann folgt, ist ein bunter Reigen von Freuden, die nicht nur vorübergehende Empfindungen, sondern ein dauerhafter Zustand sind. »Ich freu mich« – diese Grundmelodie, die sich jeweils am Anfang der drei Strophen und auch innerhalb der Strophen wiederholt, durchzieht das gesamte Gedicht.

In poetischen Bildern entfaltet Mascha Kaléko in den ersten Versen den Wechsel von Tages- und Jahreszeiten, erzählt von Regen und Sonnenschein, von schwatzenden Spatzen und roten Luftballons. Das Herz scheint ihr überzuquellen: Was gibt es alles zu entdecken! Wie ein Kind zählt sie in der Regelmäßigkeit von Paarreimen, in lebendigem Rhythmus auf; sie singt ein Lied von kleinen, stillen, scheinbar alltäglichen, immer wiederkehrenden Freuden.

Unterbrochen werden diese Bilder plötzlich in der Mitte der zweiten Strophe. Hinter dem Kreislauf des Lebens steckt ein »Sinn dahinter«, den man nicht mit dem Kopf, sondern nur mit wachem Auge und wachem Herzen verstehen kann. »Ich freue mich vor allem, dass ich bin«: Diese Lebenshaltung lässt über das Wunder des Lebens immer wieder neu staunen. Nicht nur außen, sondern auch in mir ist es dann »aufgeräumt und heiter«, dann führt eine Leiter von der Erde zum Himmel. In diesem Zustand der tiefsten Freude ist der Mensch fähig, sich selbst und den anderen zu lieben, den »Nächsten« – wie es in der Bibel »vorgeschrieben ist« – und Gott (so mag man ergänzen), wenn man ihn als den »Sinn«, den Grund der Freuden betrachten will. In den letzten Zeilen kehrt das Gedicht mit einem Jubelruf in seine anfängliche Leichtigkeit zurück.

Türen zum Religionsunterricht

Das Gedicht bietet die Chance, Kinder für den Reichtum des Lebens, für alles, was sich mit den Sinnen wahrnehmen lässt, aufzuschließen. Es bahnt eine Haltung der Achtsamkeit an, aufmerksam den Wechsel der Natur zu beobachten und an den kleinen Freuden des Lebens nicht achtlos vorüberzugehen; nicht mit dem Kopf, sondern mit dem Herzen zu sehen.

Aber Mascha Kaléko bleibt mit ihrem Gedicht nicht beim individuellen Jubel über die schöne Welt stehen, sondern öffnet im Bewusstsein der Kostbarkeit des Alltags den Himmel und verbindet die Menschen miteinander. Das drückt das Bild Himmelsleiter aus, dessen Ursprung Kindern mit dem Text über Jakobs Traum aus Gen 28 erschlossen werden kann.

So wird ein Weg eröffnet, der vom Staunen über die Welt und den Menschen zur Deutung des eigenen und allen Lebens als Geschenk, als Gnade führt. Daraus kann Dankbarkeit gegenüber Gott (obwohl er als Schöpfer im Gedicht explizit nicht genannt wird) und Verantwortung gegenüber dem Nächsten wachsen.

Religionspädagogische Bezüge

➤ Achtsame Wahrnehmung und Freude über die Vielfalt der Schöpfung, auch des eigenen Lebens, aus der die Hinwendung zum Nächsten und zu Gott entstehen kann.
➤ Bibel: Psalmworte des Dankens und des Lobens; Jakob und die Himmelsleiter (Gen 28).

Anregungen

➤ Erstellt ein Cluster zum Thema »vergnügt sein«! (Bevor das Gedicht bekannt ist.)
➤ Vergleicht eure Einfälle mit der Überschrift des Gedichts und anschließend mit dem Text der ersten Strophe und den ersten drei Zeilen der zweiten Strophe!
➤ Lest das ganze Gedicht und schreibt (vielleicht nach einem Ausflug in die Natur) eigene Verse zu Freuden, die man nur mit wachem Auge und Herzen erkennen kann:
»Ich freu mich, dass ...«

> Schreibt auch Sätze, die zu den Zeilen 5 und 6 der letzten Strophe passen!

> Ordnet die verschiedenen Sätze zu einem eigenen Gedicht, wählt dazu passende Psalmworte aus (etwa Ps 19,2; Ps 104,1; Ps 104,24; Ps 135,3; Ps 139,14; Ps 145,1) und fügt sie ein! Gestaltet diesen Text als »Himmelsleiter«!

> Lest dazu die Geschichte aus der Bibel von Jakob und der Himmelsleiter (Gen 28).

Zur Weiterarbeit

Zu einer vertieften Auseinandersetzung können auch ausgewählte Strophen des Liedes »Der Mond ist aufgegangen« (S. 52 f.) von Matthias Claudius hinzugezogen werden oder sein Gedicht »Täglich zu singen« (S. 60 f.), betonen doch all diese Texte den Reichtum und die Tiefe eines sinnenhaften, »einfältigen« statt eines rein kognitiven Weltzugangs.

> Vergleicht das Gedicht von Mascha Kaléko mit dem Gedicht von Matthias Claudius »Täglich zu singen«!

> Gestaltet ein Gespräch zwischen Matthias Claudius und Mascha Kaléko über ihre Gedichte!
> Wer freut sich über wen oder was? Warum?
> Worin sind sich beide Autoren einig? Worin unterscheiden sie sich?
> Wovor warnt Matthias Claudius?
> Welche Verse könnte Matthias Claudius aus dem Gedicht »Sozusagen grundlos vergnügt« auswählen und seinem Gedicht einfügen?

> Vergleicht die 3. und 4. Strophe des Liedes »Der Mond ist aufgegangen« mit der zweiten Strophe von Mascha Kaléko: Was sehen unsere Augen nicht?

Täglich zu singen

Ich danke Gott und freue mich
Wie's Kind zur Weihnachtsgabe,
Dass ich bin, bin! Und dass ich dich,
Schön menschlich Antlitz habe;

Dass ich die Sonne, Berg und Meer,
Und Laub und Gras kann sehen,
Und abends unterm Sternenheer
Und lieben Monde gehen;

Und dass mir denn zumute ist,
Als wenn wir Kinder kamen,
Und sahen, was der heil'ge Christ
Bescheret hatte, Amen!

Ich danke Gott mit Saitenspiel,
Dass ich kein König worden;
Ich wär geschmeichelt worden viel,
Und wär vielleicht verdorben.

Auch bet ich ihn von Herzen an,
Dass ich auf dieser Erde
Nicht bin ein großer reicher Mann,
Und auch wohl keiner werde.

Denn Ehr und Reichtum treibt und bläht,
Hat mancherlei Gefahren,
Und vielen hat's das Herz verdreht,
Die weiland wacker waren.

Und all das Geld und all das Gut
Gewährt zwar viele Sachen;
Gesundheit, Schlaf und guten Mut
Kann's aber doch nicht machen.

Und die sind doch, bei Ja und Nein!
Ein rechter Lohn und Segen!
Drum will ich mich nicht groß kastein
Des vielen Geldes wegen.

Gott gebe mir nur jeden Tag,
So viel ich darf, zum Leben.
Er gibt's dem Sperling auf dem Dach;
Wie sollt er's mir nicht geben!

Matthias Claudius

MATTHIAS CLAUDIUS (1740–1815) erzählt in seinem Gedicht von der scheinbar grundlosen Freude über die eigene Existenz und das Wunderbare der
Schöpfung, die er mit der kindlichen Weihnachtsfreude bei der Bescherung
vergleicht. Aber anders als beim vorangegangenen Gedicht von Mascha Kaléko »Sozusagen grundlos vergnügt« (S. 56) steht bei ihm der Dank an Gott
an erster Stelle, den er »täglich zu singen« empfiehlt. Viele Dinge verlieren für
ihn an Wert: Macht und Reichtum (»König sein«) verderben den Menschen.
Stattdessen singt er in seinem Text ein Loblied auf den Segen der kleinen
Dinge: Gesundheit, Schlaf und guten Mut. Er bittet um das Notwendigste des
täglichen Lebens, das ihm wie dem Sperling auf dem Dach geschenkt wird,
einem biblischen Bild von Gottes sorgender Liebe.

Ich geh durch das Dorf

Ich geh durch das Dorf,
Jeder Ort
ist Mitte der Welt.
Da, dort.
Hier.
Behutsam wandert
ein Kätzlein,
bleibt stehn,
schaut mich an,
legt sich auf die Seite,
zeigt mir,
wo es gekrault sein will.

Du. Du.
Du kleinwinzige
Mitte
der Welt.

Josef Guggenmos

Der bekannte und beliebte Autor JOSEF GUGGENMOS (1922–2003) hat mit vielen seiner Kindergedichte und -geschichten die Grenze zwischen Erwachsenen- und Kinderlyrik aufgelöst. In diesen Versen schildert er eine Begegnung mit einer Katze an einem Ort, der durch die achtsame und liebevolle Zuwendung zur Mitte der Welt wird. Daran anschließend lässt sich im Religionsunterricht über die Symbolik der Mitte sprechen, die kein geografisches Zentrum ist, sondern als Konzentration auf das Wesentliche, auf Gottes Gegenwart gedeutet werden kann.

Wunder

Ein Stamm
mit fünfzehn Ästen
mit fünfhundert Zweigen
mit fünftausend Kirschen
mit fünftausend Kernen
In jedem Kern
ein Stamm
mit fünfzehn Ästen
mit fünfhundert Zweigen
mit fünftausend Kirschen
mit fünftausend Kernen
In jedem Kern
ein Stamm.

Gerald Jatzek

GERALD JATZEK, österreichischer Journalist, Autor und Musiker (geb. 1956), schreibt für Kinder Gedichte, Bücher und Theaterstücke. Mit großen und kleinen Zahlen spielt er in diesem formal streng aufgebauten Gedicht, das in Stamm und Kern eines Kirschbaums ein Wunder entdecken lässt. Das kann im Religionsunterricht Anstoß sein, wunderbar Großes im Kleinen zu entdecken und etwa mit Versen aus Psalm 104 Gott zu loben.

ich glaube ein grashalm ist nicht geringer als das
    tagwerk der sterne
und die ameise ist nicht minder vollkommen
und des zaunkönigs ei und ein sandkorn
und die baumkrone ist ein meisterstück vor dem
    höchsten
und die brombeerranken könnten die hallen des
    himmels schmücken
und das schmalste gelenk meiner hand spottet aller
    technik
und die kuh die wiederkäut mit gesenktem kopf
übertrifft jedes bildwerk
und eine maus ist wunder genug
um millionen ungläubige wankend zu machen

Walt Whitman

WALT WHITMAN (1819–1892) gilt als der größte nordamerikanische Dichter
des 19. Jahrhunderts, dessen Werk von weitreichendem Einfluss auf die ame-
rikanische Kultur des 20. Jahrhunderts war. In diesem Text, einem kleinen
Ausschnitt aus Whitmans »Song of Myself« (Nr. 31), spricht er von seinem
Glauben an die Schönheit der Natur, die sich im kleinsten Detail zeigt und das
vollkommene Werk eines Schöpfers spiegelt.

Wünsche wie Wolken

Mal deine Wünsche in den Himmel.
Wünsche wie Wolken, wie Apfelschimmel.
Wünsche so groß wie ein Riesenrad.
Wünsche so klein wie ein Zinnsoldat.
Für alles ist Platz –
ob Ball oder Spatz,
ob Eisbär oder Marmeladenglas.
Schau in den Himmel
und wünsch dir was!

Gerda Anger-Schmidt

GERDA ANGER-SCHMIDT (geb. 1943), österreichische Kinderbuchautorin, ermuntert in ihrem Gedicht ihre Leser, kleine und große Wünsche, bedeutende und unbedeutende zum Himmel zu schicken. Diese Aufforderung kann im Religionsunterricht gut mit einer Betrachtung des bekannten Bildes von Sieger Köder zu »Abrahams Berufung« (Gen 13,14–18) verknüpft werden.

Weißt du, wie viel Sterne stehen

Weißt du, wie viel Sterne stehen
an dem blauen Himmelszelt?
Weißt du, wie viel Wolken gehen
weithin über alle Welt?
Gott, der Herr, hat sie gezählet,
dass ihm auch nicht eines fehlet
an der ganzen großen Zahl,
an der ganzen großen Zahl.

Weißt du, wie viel Mücklein spielen
in der heißen Sonnenglut?
Wie viel Fischlein auch sich kühlen
in der hellen Wasserflut?
Gott, der Herr, rief sie mit Namen,
dass sie all ins Leben kamen,
dass sie nun so fröhlich sind,
dass sie nun so fröhlich sind.

Weißt du, wie viel Kinder frühe
stehn aus ihrem Bettlein auf,
dass sie ohne Sorg und Mühe
fröhlich sind im Tageslauf?
Gott im Himmel hat an allen
seine Lust, sein Wohlgefallen;
kennt auch dich und hat dich lieb,
kennt auch dich und hat dich lieb.

Wilhelm Hey

T: Wilhelm Hey, 1837
M: Volkslied, 1. Hälfte 19. Jh.

Weißt du, wie viel Stern - ne ste - hen an dem
Weißt du, wie viel Wol - ken ge - hen weit hin

blau - en Him - mels - zelt? Gott der Herr___ hat
ü - ber al - le Welt?

sie ge - zäh - let, dass ihm auch___ nicht ei - nes

feh - let an der gan - zen gro - ßen

Zahl,___ an der gan - zen gro - ßen Zahl.

Das populäre Kinderlied des Fabeldichters, Lehrers und Pfarrers WILHELM HEY (1789–1854) findet sich auch heute noch im Evangelischen Gesangbuch. Es besingt einen liebenden Gott, der Wolken und Sterne am Himmel, Tiere im Wasser und in der Luft geschaffen hat, jedes Geschöpf kennt und es mit »Wohlgefallen« umsorgt. Dieser Zuspruch kann auch Schülerinnen und Schülern im Religionsunterricht Lebensperspektiven eröffnen.

4.
»Darum gebe ich auf mich acht«

Vom Ich zum Du

Morgens und abends zu lesen

Der, den ich liebe
Hat mir gesagt
Daß er mich braucht.

Darum
Gebe ich auf mich acht
Sehe auf meinen Weg und
Fürchte von jedem Regentropfen
Daß er mich erschlagen könnte.

Bertolt Brecht

Über BERTOLT BRECHT (1898–1956) schrieb Lion Feuchtwanger 1957, kurz nach dessen Tod: »Er hat bewirkt, dass die deutsche Sprache heute Spürungen und Gedanken ausdrücken kann, die sie, als Brecht zu dichten anfing, nicht auszudrücken vermochte.« Nach Brechts Ansicht haben alle großen Gedichte »den Wert von Dokumenten«, sie sollen »zur Ansicht stellen« und keine Illusion verbreiten. Als erbitterter Kriegsgegner und Sozialkritiker sah er darin die einzige Chance zur Veränderung. 1933 verließ Brecht Deutschland; bis 1939 lebte er nahe der dänischen Stadt Svendborg, ehe er mit dem Beginn des Zweiten Weltkriegs vor Hitlers Truppen weiterfloh. Aus dieser Exil-Zeit stammt das kleine Gedicht mit weichem Kern, das er 1939 für seine Geliebte Ruth Berlau schrieb. Er schickte es ihr nach Madrid, um sie davon abzuhalten, sich an den Kämpfen des Spanischen Bürgerkriegs zu beteiligen und ihr Leben aufs Spiel zu setzen. Das Gedicht steht in der Reihe von vielen Gelegenheitsgedichten, die Brecht als Reaktion auf bestimmte Ereignisse verfasste.

Entdeckungen am Text

»Morgens und abends zu lesen« wird der Empfängerin der Botschaft empfohlen, von jemandem, den sie liebt, der sagt, dass er sie braucht. Eine seltsame Liebeserklärung, die zugleich nüchtern, reimlos, ohne Klang und Metrum, doch zärtlich und einfühlsam klingt. Hier »braucht« jemand den anderen, weil sein absichtsloses Da- und So-Sein die Zuneigung erst ermöglicht, und keinesfalls, weil er ihn zu bestimmten Zwecken ge-braucht. Doch dieses Geliebt-Werden hat Konsequenzen: »Darum« – das Wort steht gewichtig allein am Anfang der zweiten Strophe, »darum gebe ich auf mich acht«. Aus der gegenseitigen Liebe erwachsen nicht große Aufgaben und auch nicht die, immer den Bedürfnissen des anderen gerecht zu werden und sich aufzugeben, sondern zunächst die Verpflichtung zur Achtsamkeit auf die eigene Person und die Sorge um die eigene Unversehrtheit. Das ist der Liebesdienst, den ich dem anderen erweisen kann: Nur wenn ich mich selbst achte und auf mich achte, kann ich ihm Verlässlichkeit und Sicherheit bieten. Diese Selbstaffirmation zur Behutsamkeit ist nicht für die außergewöhnlichen Momente des Lebens geschrieben, nein, so die Überschrift, sie ist »morgens und abends zu lesen«, immer wieder, wie ein beschwörendes Mantra, das in Fleisch und Blut übergehen soll.

Türen zum Religionsunterricht

Die aktuelle Situation und das Anliegen Brechts können mit Kindern erarbeitet werden, dann aber bietet es sich an, Brechts Ansinnen weiterzuführen. Seine Botschaft an die Geliebte kann allen Menschen, die einander zugeneigt sind, ans Herz gelegt werden. Verallgemeinernd gesagt: Weil ein anderer Mensch mich als unersetzbar erachtet, messe ich mir selbst auch diesen Wert bei und achte sorgsam auf mich. Auf diesem Wege kann Schülerinnen und Schülern zweierlei anschaulich gemacht werden: erstens, die Notwendigkeit der Reflexion über ihre eigene Bedeutung und Wertigkeit für den anderen, und zweitens, das Übertragen des im Gedicht nicht persönlich bezeichneten »Du« auch auf Gott, so wie wir das bei Psalmen und ihrer Erarbeitung kennen. Die Frage »Wo braucht Gott mich?« lässt Schülerinnen und Schüler vielleicht zunächst stutzen. Worte etwa aus dem Alten Testament können ihnen die Liebesbeziehung zwischen Mensch und Gott veranschaulichen, die dann zur achtsamen Selbstakzeptanz führen kann. Dies kann schließlich auch den Gedanken anstoßen, dass Gott jeden Menschen braucht, damit seine Botschaft der Liebe die Welt menschenfreundlicher gestaltet (vgl. das Gedicht von Kurt Marti, S. 72).

Religionspädagogische Bezüge

➤ Die Zuneigung eines anderen führt zur Selbstfürsorge und -achtung.
➤ Zusammenhang von Nächsten-, Selbst- und Gottesliebe
➤ Rituale
➤ Bibel: Jes 43,4; Ijob 7,17; Ps 8,5

Anregungen

➤ Malt Bilder oder gestaltet Dialoge zur ersten Strophe (bevor das Gedicht bekannt ist)!
   Wer braucht dich? Warum gerade dich? Warum niemanden anders auf der Welt? Wem bist du wichtig? Wer ist für dich wichtig?
➤ Schreibt weiter!
   Darum ...
➤ Lest das ganze Gedicht! An wen richtet es Bertolt Brecht?
➤ Vergleicht die eigenen Sätze mit dem Text der zweiten Strophe!
➤ Schreibt den Text an jemanden, der euch wichtig ist!
➤ Gestaltet eigene Beispiele (auf besonderem Papier in Schönschrift)!
   Ich achte auf mich, wenn ich ... Ich achte mich, ...
   Ich sorge für mich, wenn ich ...
   Klebe deinen Satz in eine Streichholzschachtel oder in ein Etui!
➤ Sucht einen Satz aus der Bibel (etwa Jes 43,4; Ijob 7,17; Ps 8,5) und gestaltet mit ihm und euren Sätzen eine Sprechmotette!
➤ Lest den Text von Kurt Marti »Was ich brauche« (S. 72) und schreibt oder malt dazu!

Zur Weiterarbeit

Das Gedicht kann auch mit dem Sinngedicht »Sei gut zu dir« von Robert Gernhardt (S. 73) verglichen werden: Welche unterschiedlichen Gründe für Selbstannahme und -fürsorge werden in den Gedichten genannt?

Was ich brauche

Brauche ich Gott?

Ich brauche Menschen
deren Mut
den meinen weckt.

Ich brauche Menschen
deren Mut mir zuruft,
dass Gott mich braucht.

Auch mich.

Kurt Marti

KURT MARTI (geb. 1921), Schweizer Schriftsteller, evangelischer Theologe und Pfarrer, zählt seit Jahren zu den Autoren, die auch außerhalb des kirchlichen Verkündigungsraums wahrgenommen und beachtet werden. Seine Gedichte, Aphorismen, Essays und Predigten zeugen sowohl von hoher literarischer, besonders sprachschöpferischer Kreativität als auch von kritischer Auseinandersetzung mit gesellschaftlichen und theologischen Fragen. In diesem kleinen Gedicht spielt er mit Perspektiven. Er stellt die gegenseitige Abhängigkeit von Mensch und Gott heraus. Die Wirksamkeit Gottes in der Welt setzt hier den Einsatz des Menschen voraus: Gott braucht Menschen für Menschen.

Sinngedicht

Sei gut zu dir.
Die Welt ist schlecht.
Das Unrecht blüht,
nimm dir das Recht
und tu den Schritt
zum Ich vom Wir:
Die Welt ist schlecht.
Sei gut zu dir.

Robert Gernhardt

ROBERT GERNHARDT (1937–2006) stellt in diesen knappen Versen in der für ihn typischen spielerisch-leichten Ironie die übliche Forderung nach mehr Altruismus angesichts der Schlechtigkeit der Welt auf den Kopf: Er fordert zu mehr Selbstliebe auf, empfiehlt den Schritt »zum Ich vom Wir« und konterkariert mit dieser Wendung gängige Erwartungen. Religionspädagogisch lässt sich dieser Schritt aber weiterdenken und noch einmal umdrehen: Selbstannahme und -fürsorge als Voraussetzung zur Wertschätzung des anderen. Das Gedicht kann weiterführend verglichen werden mit »Morgens und abends zu lesen« von Bertolt Brecht (S. 69).

Gebet

Es wohnen drei in meinem Haus –
Das Ich, das Mich, das Mein.
Und will von draußen wer herein,
So stoßen Ich und Mich und Mein
Ihn grob zur Tür hinaus.

Stockfinster ist es in dem Haus
Trüb flackert Kerzenschein
– Herr: laß dein Sonnenlicht herein!
Dann geht dem Ich, dem Mich, dem Mein
Das fahle Flämmchen aus.

Mascha Kaléko

In diesem »Gebet« Mascha Kalékos (siehe S. 57) bittet ein selbstsüchtiges Ich um das Licht der Liebe, da seine innere Feindseligkeit die Dunkelheit nicht erhellen kann. Mit dieser anschaulichen Symbolik von Licht und Sonne, vom Sichverschließen und Sichöffnen kann mit diesem Gedicht im Religionsunterricht eindrücklich Gottes unermessliche Liebe, die das eigene Selbst von der Selbstsucht befreit, thematisiert werden.

Da sitze ich und suche

Da sitze ich und suche.
Ich suche einen Reim.
Ich suche, suche – fluche!
Was hilft's? Mir fällt nichts ein.

Ich suche einen Reim auf: Mensch.
Auf Mensch reimt – Mensch sich nur.
Nichts, was da grünt, nichts, was da blüht,
Kein Ding auf weiter Flur.

Ich denke in der Welt umher:
Kein Tier, das fliegen kann,
Keins, das da kriecht, kein Fisch im Meer
Grüßt mit verwandtem Klang.

Ich geb es auf. Ich sage mir:
Es kann nicht anders sein.
So einzigartig ist der Mensch!
Ist er's? Er bildet sich's ein.

Josef Guggenmos

Der Dichter JOSEF GUGGENMOS (siehe S. 62) stößt in einer für einen Dichter alltäglichen Situation – bei der Suche nach einem Reimwort – auf die Frage nach der Einmaligkeit des Menschen. Was aber bringt ihn dazu, diese zu verneinen? Diese Frage kann der Religionsunterricht mit Texten wie Ps 8 oder Gen 1 aufgreifen und darüber nachdenken, wie in der Bibel der Mensch in der Spannung von Einmaligkeit und dem Eingebundensein in die gesamte Schöpfung gesehen wird und wie diese Stellung stets auch verbunden ist mit der Mahnung vor Überheblichkeit – ein Gedanke, der sich auch in dem verblüffenden Schluss des Guggenmos-Gedichtes wiederfindet. Interessant ist in diesem Zusammenhang auch ein Vergleich dieses Gedichtes mit dem folgenden von James Krüss.

Lied des Menschen

Ich bin ein Mensch; doch bild ich mir nicht ein,
Ich könnt im Dunkeln besser sehn als Eulen,
Ich könnte lauter als die Wölfe heulen
Und könnte stärker als ein Löwe sein.

Ich bin ein Mensch; doch glaub ich nicht, ich sei
So glücklich wie Delphine, wenn sie springen,
So selig wie die Meisen, wenn sie singen,
Auch nicht so schnurrig wie ein Papagei.

Ich bin ein Mensch und doch in jedem Tier,
In Laus und Adler, Raupe, Pfau und Schnecke.
Sie sind die fernsten Ahnen, und ich stecke
In jedem Tier, und jedes steckt in mir.

Doch bin ich Mensch in ganz besondrem Sinn.
Wenn Tiere schnurrig sind, verspielt und heiter,
Dann sind sie schnurrig, heiter und nichts weiter.
Ich aber weiß es, wenn ich glücklich bin.

Was Tiere sind, das sind und bleiben sie.
Ein Wolf bleibt Wolf, ein Löwe bleibt ein Löwe.
Doch ich kann alles sein, Delphin und Möwe.
Ich bin ein Mensch. Ich habe Phantasie.

James Krüss

JAMES KRÜSS (1926–1997), geboren auf Helgoland, veröffentlichte 1956 sein erstes Kinderbuch: »Der Leuchtturm auf den Hummerklippen«. Er gilt als einer der renommiertesten deutschen Kinder- und Jugendbuchautoren. Sein Motto: »Haltet die Uhren an. Vergesst die Zeit. Ich will euch Geschichten erzählen.« In diesem Gedicht vergleicht er die Eigenarten des Menschen und der Tiere und konstatiert schließlich, dass Bewusstsein und Phantasie Mensch und Tier voneinander unterscheiden. Eine Gegenüberstellung dieser Sichtweise mit den biblischen Aussagen über die Stellung und Bedeutung des Menschen in Gen 2,18–20 und auch mit dem Menschenbild des Gedichts von Josef Guggenmos »Da sitze ich und suche« (S. 75) kann Thema des Religionsunterrichts sein.

5.
»Ein gutes Wort ist nie verschenkt«

Vom anderen zum Nächsten

Gesetzt den Fall ...

Gesetzt den Fall, ihr habt ein Schaf gekränkt –
(»Gesetzt den Fall« heißt »Nehmen wir mal an«) –,
gesetzt den Fall, es hat den Kopf gesenkt
und ist euch böse, ja, was dann?

Dann solltet ihr dem Schaf was Liebes sagen,
ihr könnt ihm auch dabei den Rücken streicheln,
ihr dürft nicht »Na? Warum so sauer?« fragen,
ihr müsst dem Schaf mit Freundlichkeiten schmeicheln.

Sagt mir jetzt nicht: »Ich wohn' doch in der Stadt,
wo soll ich da um Himmels willen Schafe kränken?«
Ich gebe zu, dass das was für sich hat,
doch bitte ich euch trotzdem zu bedenken:

Ein gutes Wort ist nie verschenkt,
nicht nur bei Schafen, sondern überall.
Auch trefft ihr Schafe öfter, als ihr denkt.
Nicht nur auf Wiesen. Und nicht nur im Stall.

(Na wo denn noch?)

Robert Gernhardt

Der bekannte Dichter und Zeichner ROBERT GERNHARDT (1937–2006) hat sich in vielen Satiren und Spottversen vor allem in seinen frühen Jahren einer wirkungsvollen Komik verschrieben, die aber ungeachtet seiner Nonsens-Verse und bei aller Lust am Spiel mit Sprache Hintergründigkeit und Tiefgang nicht ausspart. Auch das Gedicht »Gesetzt den Fall ...« beweist das virtuos.

Entdeckungen am Text

Das Gedicht »Gesetzt den Fall ...« bringt mit freundlicher Ironie Konflikte und die Frage, wie Versöhnung gelingen kann, zur Sprache. Nicht distanzierte Ursachenforschung, sondern mitfühlende Wiedergutmachung sind nötig. Robert Gernhardt gibt dazu Ratschläge, wie das mit Worten, Gesten und viel Freundlichkeit geschehen kann. Interessant ist in diesem Zusammenhang, dass er dazu auch das eigentlich negativ besetzte Wort »Schmeicheleien« benutzt. Gegen Einwände verallgemeinert er seine Ratschläge, indem er darauf hinweist, dass in jeder Situation ein gutes Wort angebracht ist. Und zum Schluss setzt er – in typisch Gernhardt'scher Manier – noch einen Witz darauf: Pädagogik, in Leichtigkeit und Liebenswürdigkeit verpackt.

Türen zum Religionsunterricht

Der Witz des schlichten Gedichtes wird bei Schülerinnen und Schülern jeden Alters zunächst einfach nur Beifall finden, bevor sie sich eingestehen müssen, dass auch sie als Streithammel gemeint sind. Der Kunstgriff der Verfremdung schafft Distanz: Aber zwischen den Zeilen erkennen sie ihre eigenen Geschichten. Die Opfer können sich hinter dem Bild des Schafes verstecken, die Täter (um die es hier vorrangig geht) werden aber direkt zur Auseinandersetzung mit dem Unrecht und zur Versöhnung durch gute Worte und Gesten aufgefordert. Eine Sammlung »Gute Worte« kann auch über den Fachunterricht hinaus zu einem Klima der Wertschätzung in der Klassengemeinschaft beitragen. In der Gestaltung der Quintessenz des Gedichts können die Schülerinnen und Schüler begreifen, dass gute Worte nie wirklich »verschenkt« im Sinne von »verschwendet« sind, sondern zu ihrem Absender zurückkehren.

Während der gesamten Unterrichtsreihe zu diesem Gedicht sollten die Schülerinnen und Schüler dazu angeleitet werden, ihren Blick wie im Gedicht auf die Zukunft zu richten, um gute Versöhnungsrituale zu finden und nicht vorrangig alte Streitereien aufzuwärmen. Führt man die Szene des Gedichts weiter, könnte auch thematisiert werden, dass Versöhnung nicht nur vom guten Willen des Täters abhängt, sondern auch von dem Willen des Verletzten, zu verzeihen. Christlich betrachtet ist Versöhnung ein Geschenk. Viele biblische Geschichten erzählen von Schuld und Versöhnung; im Raum der Kirche begegnen sie Kindern auch in der Liturgie und im Sakrament der Buße.

Religionspädagogische Bezüge

➤ Zusammenleben mit anderen: Streit und Konflikte.
➤ Schuld und Versöhnung zwischen Menschen, zwischen mir und Gott.
➤ Bibel: Goldene Regel (Mt 7,12), Zachäus (Lk 19,1–10), Gleichnis vom verlorenen Sohn (Lk 15,11–32).

Anregungen

➤ Führt eine Partnerübung durch (bevor das Gedicht bekannt ist)! A senkt den Kopf – B betrachtet A. Danach wechselt A mit B.
➤ Sprecht über eure Wahrnehmungen und Gefühle!
➤ Versucht, das Gedicht in verschiedenen Stimmlagen zu sprechen!
➤ Gestaltet die Szenen aus Strophe 1 und 2 als Standbild: Warum ist das Schaf verletzt?
➤ Sagt dem Schaf »gute Worte«! Was könnte das Schaf darauf antworten?
➤ Sammelt diese Wörter unter der Überschrift: »Worte, die helfen, damit es wieder gut ist«! Klebt diese Worte auf ein Plakat und hängt dieses Plakat in der Klasse auf!
➤ Versucht, einen dieser Sätze nach einem Streit zu sprechen!
➤ Sucht Beispiele für Schmeicheleien, die freundlich, aber nicht ehrlich sind!
➤ Malt ein Leporello/Bild oder schreibt eine Geschichte zu dem Satz »Ein gutes Wort ist nie verschenkt«!
➤ Welche anderen Möglichkeiten der Versöhnung – auch aus der Bibel – kennt ihr (z.B. die Geschichten von Zachäus oder das Gleichnis vom barmherzigen Vater)? Malt, schreibt oder spielt dazu!
➤ Schreibt einer Mitschülerin/einem Mitschüler ein »gutes Wort« auf den Rücken, das etwas Besonderes von ihm zum Ausdruck bringt!

Zur Weiterarbeit

Mit der allgemeingültigen »Moral« seines Falles steht das Gedicht in enger Beziehung zu Hilde Domins »Unaufhaltsam« (S. 36f.), geht es in beiden Texten doch um die Wirkmächtigkeit von Worten: positiv oder negativ. Für einen direkten Vergleich eignet es sich weniger, da es auf einer anderen Ebene angesiedelt ist. Im Zuge aufbauenden Lernens können aber beide Gedichte in unterschiedlichen Klassenstufen miteinander verknüpft werden.

Gott wollte

Gott wollte, dass die Menschen
nicht sind wie Katz und Maus.
Er sagt: Ihr sollt in Frieden,
er sagt: Ihr sollt in Frieden
leben in meinem Haus.

Gott wollte, dass die Menschen
nichts antun dem, der weint.
Er sagt: Ihr sollt euch freuen,
er sagt: Ihr sollt euch freuen,
wenn meine Sonne scheint.

Gott wollte, dass die Menschen
nicht leiden Hass und Not.
Er sagt: Ihr sollt austeilen,
er sagt: Ihr sollt austeilen
dem Hungrigen mein Brot.

Gott wollte, dass die Menschen
einander Brüder sein.
Er sagt: Ihr sollt euch lieben,
er sagt: Ihr sollt euch lieben,
dazu ist keins zu klein.

Rudolf Otto Wiemer

Wie auch in »Gott wollte« finden sich in vielen Werken des Lehrers und
Schriftstellers RUDOLF OTTO WIEMER (1905–1998) christliche Inhalte. Frieden, Freude, die Bereitschaft zu teilen und Geschwisterlichkeit stellt er hier als
Gottes Wille heraus. Doch mit der Überschrift macht er auf die Diskrepanz
zwischen dieser christlichen Weisung und der Realität aufmerksam. Im Religionsunterricht kann diese Thematik mit Gen 2 und 3 oder der Vater-unser-
Bitte »Dein Wille geschehe« vertieft werden.

Die alten Tanten

Die erste alte Tante sprach:
Wir müssen nun auch dran denken,
Was wir zu ihrem Namenstag
Dem guten Sophiechen schenken.

Drauf sprach die zweite Tante kühn:
Ich schlage vor, wir entscheiden
Uns für ein Kleid in Erbsengrün,
Das mag Sophiechen nicht leiden.

Der dritten Tante war das recht:
Ja, sprach sie, mit gelben Ranken!
Ich weiß, sie ärgert sich nicht schlecht
Und muss sich auch noch bedanken.

Wilhelm Busch

WILHELM BUSCH (1832–1908), Dichter und Maler, erfreut auch heute noch mit seinen Lausbubengeschichten von Max und Moritz ein breites Publikum. Der bitterböse Humor findet sich auch in diesem Gedicht, in dem der Sinn des Schenkens auf den Kopf gestellt wird. Schülerinnen und Schüler werden so herausgefordert, im Vergleich mit dem Gedicht von Joachim Ringelnatz (S. 84) und auch mit »Gesetzt den Fall« von Robert Gernhardt (S. 79) über das Schenken nachzudenken und im Geiste der Goldenen Regel (Mt 7,14) den notwendigen Wechsel der Perspektive zu diskutieren.

Schenken

Schenke groß oder klein,
Aber immer gediegen.
Wenn die Bedachten
Die Gaben wiegen,
Sei dein Gewissen rein.

Schenke herzlich und frei.
Schenke dabei,
Was in dir wohnt
An Meinung, Geschmack und Humor,
Sodass die eigene Freude zuvor
Dich reichlich belohnt.

Schenke mit Geist ohne List.
Sei eingedenk,
Dass dein Geschenk
Du selber bist.

Joachim Ringelnatz

Joachim Ringelnatz (1883–1934) gehört mit seinen Gedichten zu den Klassikern des deutschen Humors. Überraschend ernsthaft und pädagogisch sind dagegen seine Ratschläge zum Schenken: Schenken anzusehen als Spiegel der zwischenmenschlichen Beziehung und nicht mit Erwartungen zu verknüpfen. Biblisch kann mit der Geschichte der Sterndeuter (Mt 2,11) an diese Bedeutung des Schenkens angeknüpft werden, auch in Verbindung mit dem Lied »Ich steh an deiner Krippen hier« von Paul Gerhardt (GL 141; EG 37).

Enfant terrible

Ich
Habe eine
Ich habe eine Puppe
Gestohlen.
Die ich mir wünschte
Bekam ich nie.
Drei Geburtstage lang
Und dann die mit Tintenaugen
Und Haaren aus Zelluloid.
Beinah ist oft schlimmer als Nein.
Nun habe ich eine.
(Gestohlen.)

Mascha Kaléko

Aus dem Munde eines »Enfant terrible« schildert MASCHA KALÉKO (siehe S. 57) lakonisch die Erfüllung ihres Herzenswunsches durch den Diebstahl einer Puppe. Wie umgehen mit Wünschen? Wie wichtig ist ihre Erfüllung? Und was ist, wenn ein Wunsch nicht erfüllt wird? Dieses Dilemma lässt Schülerinnen und Schüler im Religionsunterricht über die Goldene Regel (Mt 7,14) als Wegweisung für das Zusammenleben und das 7. Gebot »Du sollst nicht stehlen« nachdenken.

Der Garten des Herrn Ming

Im stillen Gartenreiche
Des alten Gärtners Ming,
Da schwimmt in einem Teiche
Ein Wasserrosending.

Den alten Ming in China
Entzückt sie ungemein,
Er nennt sie Catharina
Chinesisch: Ca-ta-rain.

Mit einer Pluderhose
Und sehr verliebtem Sinn
Hockt er sich bei der Rose
Am Rand des Teiches hin.

Er singt ein Lied und fächelt
Der Rose Kühlung zu.
Die Rose aber lächelt
Nur für den Goldfisch Wu.

Sie liebt das goldne Fischchen
Das oft vorüberschießt
Und auf den Blättertischchen
Den Rosenduft genießt.

Doch Wu, der Goldfisch-Knabe,
Der lockre Bube, gibt
Ihr weder Gruß noch Gabe,
Weil er ein Hühnchen liebt.

Er liebt Schu-Schu, das kleine,
Goldrote Hühnerding.
Jedoch Schu-Schu, die Feine,
Liebt nur den Gärtner Ming.

So liebt Herr Ming Cathrina,
Cathrina liebt den Wu.
Wu liebt Schu-Schu aus China,
Den Gärtner liebt Schu-Schu.

Man liebt sich sanft und leise.
Doch keiner liebt zurück.
Und niemand in dem Kreise
Hat in der Liebe Glück.

Sie leben und sie warten,
Sind traurig und verliebt
In diesem kleinen Garten,
Von dem es viele gibt.

James Krüss

JAMES KRÜSS (siehe S. 77) sinnt in seinem märchenhaften Gedicht melancholisch über das Thema der unerfüllten Liebe nach, die in einem Kreislauf von Begehren und Abweisen leider immer den Falschen trifft. Im Rahmen des Religionsunterrichts könnte das Verhältnis von Freiheit und Liebe im Mittelpunkt stehen und als Gegenentwurf biblische Gottesbilder vom liebenden, dem Menschen Freiheit schenkenden Gott vorgestellt werden.

Gerichtsverfahren

Stellt euch vor, es säßen einmal
die Wörter zu Gericht über uns,
ihre Benutzer, Abnutzer und Befrachter,
Missbraucher, Vergeuder, Verschweiger.
Und es käme zur Sprache,
was wir mit ihnen getrieben haben:
Wir haben sie zu Verführern gemacht,
um mächtig zu werden.
Als Lügenvehikel, Verschleierungsmaterial
mussten die Wörter uns dienen,
als Waffen, und viele von ihnen
können wir nicht mehr entsorgen.
Stellt euch vor, es säßen die Wörter
über uns zu Gericht.
Wir würden stumm vor ihrer Anklage stehen,
uns hilflos umsehen,
ob uns nicht eines von ihnen
zu Hilfe kommt.
Aber die Worte, die uns dann retten könnten,
haben wir zu wenig geübt,
die fremden, die ungewohnten,
wie sollten wir sie über die Lippen bringen –
es nur mit unserem Kopf erfassen!

Lene Mayer-Skumanz

Die Wiener Schriftstellerin LENE MAYER-SKUMANZ (geb. 1939), Autorin religiöser Kinder- und Jugendbücher, imaginiert in ihrem Gedicht eine Gerichtsszene, in der personalisierte Wörter ihre Benutzer, die Menschen, anklagen. Die verletzende Wirkung von Wörtern, das 8. Gebot, aber auch rettende Worte in der Bibel (etwa Jesu Kraftworte in Heilungsgeschichten) können Themen des Religionsunterrichts werden.

6.
»Bloß die Menschenzeit hätt angefangen«

Von Gut und Böse

Wenn jeder eine Blume pflanzte

Wenn jeder eine Blume pflanzte,
jeder Mensch auf dieser Welt,
und anstatt zu schießen, tanzte
und mit Lächeln zahlte, statt mit Geld –
wenn ein jeder einen anderen wärmte,
keiner mehr den andern schlüge,
keiner sich verstrickte in der Lüge,
wenn die Alten wie die Kinder würden,
sie sich teilten in den Bürden,
wenn dieses WENN sich leben ließe,
wärs noch lang kein Paradies –
bloß die Menschenzeit hätt angefangen,
die in Streit und Krieg
uns beinah ist vergangen.

Peter Härtling

PETER HÄRTLING (geb. 1933 in Chemnitz), nach der Flucht aus Böhmen und dem frühen Tod der Eltern in Nürtingen aufgewachsen, arbeitete als Redakteur und Herausgeber bei verschiedenen Zeitungen und Zeitschriften, ehe er seit 1974 ganz als freier Schriftsteller tätig ist. Er schrieb zunächst vor allem lyrische Texte, später auch Romane und eine Reihe Kinderbücher (bekannt v.a. »Ben liebt Anna«, 1979). Oft nimmt er dabei die Realität gesellschaftskritisch in den Blick. In diesem Gedicht entwickelt er seine Hoffnung auf eine bessere Welt, die bei jedem Einzelnen beginnt.

Entdeckungen am Text

In eingängigen Reimen beschreibt Peter Härtling in seinem Gedicht, wie eine bessere Welt aussehen könnte, in der – als Inbegriff von Frieden – Platz ist für Blumen: lächeln und tanzen statt lügen und sich prügeln. In Bildern und Metaphern drückt er die Gegensätze zwischen Ideal und Realität aus und zeigt auf, was dem Wunsch nach einer besseren Welt entgegensteht. Die »Bürden«, die Last und Mühe, die damit verbunden sind, sollten sich Alte und Kinder teilen. Und wenn die Alten selbst wie die Kinder würden, dann könnten sie vielleicht – so darf man weiterführen – von ihnen lernen. Doch so einfach geht das nicht: Unvermutet mit einem großen WENN zweifelt Peter Härtling selbst an seinen Vorstellungen von einer besseren Welt. Wenn es sich tatsächlich so leben ließe, wäre es zwar der Beginn der »Menschenzeit«, einer menschlicheren und menschenwürdigeren Zeit und das Ende von Streit und Krieg – aber noch lange kein Paradies. Mit dieser Pointe hat der Leser nicht gerechnet, eigentlich müsste es mehr als reichen, wenn Peter Härtlings Aufforderung zur Humanität Wirklichkeit würde. Doch zum Paradies gehört für den Autor mehr. Es bleibt den Leserinnen und Lesern überlassen, dieses Mehr des Paradieses zu definieren.

Türen zum Religionsunterricht

Interessant wird dieses Plädoyer Peter Härtlings für eine humanere Welt für den Religionsunterricht auch durch das Gegensatzpaar »Menschenzeit« und »Paradies«. Das Gedicht erzählt von dem Beginn der »Menschenzeit«, an dem der Zustand des Paradieses noch nicht erreicht ist. Zwar gibt es bei Peter Härtling Bilder von Glück, Zufriedenheit und menschlicher Anteilnahme, doch wohl nicht in dem Maße, dass er das Wort »Paradies« verwenden könnte. Was aber fehlt ihm noch? Das könnte die Leitfrage für den Unterricht mit den Paradiestexten von Gen 2 und 3 sein. Die Bibel beschreibt das Paradies, den »Garten Eden« als einen Ort umfassenden Glücks ohne Schmerz, Leid, Alter und Tod, in inniger Verbundenheit mit Gott. Nicht als Schlaraffenland, da es mit dem Auftrag des Bebauens und Bewahrens (Gen 2,15) verknüpft ist. Das Hoffnungsbild »Paradies« bezeichnet sowohl den guten Anfang (Gen 2–3) als auch das gute Ende bei Gott (Lk 23,43). Erst am Ende der Tage schenkt Gott seinen umfassenden Frieden, der Streit und Krieg als Folge des verlorenen Paradieses endgültig begräbt. Diese Hoffnung auf Gott beflügelt die Kräfte des

Menschen, sich schon jetzt für die neue Zeit der Menschlichkeit einzusetzen. Sie bewahrt ihn vor Enttäuschung und Resignation. Auf diesem Wege begreifen Schülerinnen und Schüler schließlich das Bild der Überschrift neu: »Wenn jeder eine Blume pflanzte«, könnte der Garten Eden zwar noch nicht seine ganze Pracht entfalten, aber ein Anfang zur Menschwerdung wäre gemacht.

Religionspädagogische Bezüge

- ➤ Maßstäbe christlichen Lebens, Gerechtigkeit und Frieden.
- ➤ Blume: Symbol für einen kleinen Anfang.
- ➤ Bibel: Das Paradies – die Vertreibung aus dem Paradies (Gen 2, Gen 3, Jes 11,6–8).

Anregungen

- ➤ Pflanzt Blumen in euren Schulgarten oder in einen Blumenkasten und schreibt auf Wortkarten, was ihr beachten müsst, damit die Blumen prächtig blühen können!
- ➤ Lest das Gedicht!
- ➤ Teilt es in Strophen ein und malt Bilder zu den einzelnen Strophen!
- ➤ Sucht Instrumente aus, die den Gedichtvortrag untermalen!
- ➤ Was gehört für Peter Härtling zur Menschenzeit?
- ➤ Schreibt weitere Strophen zum Gedicht:
  Wenn ...
- ➤ Schreibt Elfchen zum Thema »Paradies« (Erläuterungen zur Form des Elfchens siehe S. 183).
- ➤ Vergleicht die Paradiesgeschichten in der Bibel (Gen 2, Gen 3) mit den Elfchen!
- ➤ Im Gedicht heißt es: »wenn dieses WENN sich leben ließ, wär's noch lang kein Paradies«. Schreibt Begründungen zu dieser Gedichtzeile auf!

Zur Weiterarbeit

Vergleich des Gedichts mit »Was alles braucht's zum Paradies« von Elisabeth Borchers. Welche Vorstellungen vom Paradies haben die beiden Autoren?

Was alles braucht's zum Paradies

Ein Warten ein Garten
eine Mauer darum
ein Tor mit viel Schloss und Riegel
ein Schwert eine Schneide aus Morgenlicht
ein Rauschen aus Blättern und Bächen
ein Flöten ein Harfen ein Zirpen
ein Schnauben (von lieblicher Art)
Arzneien aus Balsam und Düften
viel Immergrün und Nimmerschwarz
kein Plagen Klagen Hoffen
kein Ja kein Nein kein Widerspruch
ein Freudenlaut
ein allerlei Wiegen und Wogen
das Spielzeug eine Acht aus Gold
ein Heute und kein Morgen
der Zeitvertreib das Wunder
das Testament aus warmem Schnee
wer kommt wer ginge wieder
Wir werden es erfragen.

Elisabeth Borchers

Alle Sinne spricht das Gedicht von ELISABETH BORCHERS (siehe S. 39) an, das in Bildern und Metaphern das Paradies als eine zeitlose, von Sorgen freie Naturbegegnung schildert. Diese Vorstellungen ermöglichen im Religionsunterricht eine Auseinandersetzung mit den biblischen Visionen von einem guten Anfang, der die Vollendung der Schöpfung verheißt (Gen 2 und 3; Offb 21).

Der Neinengel I

Der Neinengel wohnt im Winterland,
Wo es Eisschweigen gibt und Zorn.
Der Neinengel hält dich an der Hand,
Wenn du wütend bist und verlorn.
Der Neinengel schlichtet den großen Streit.
Er hilft dir abzuwägen,
er nimmt den Stein dir aus der Hand,
Den du werfen willst, schützt dich vor Schlägen.
Er schenkt dir den Mut, dich umzudrehn
Und keinen Krieg zu machen.
Er möchte nicht deine Tränen sehn,
Er sieht dich lieber lachen.
Der Neinengel wohnt im Winterland,
wo es Eisschweigen gibt und Wut.
Man hat ihn ins Winterland verbannt,
Damit er das Gute tut.
Der Neinengel hütet den großen Plan,
Der die Erde zusammenhält.
Er stiftet Frieden, wo er kann,
Er behütet die ganze Welt.

Jutta Richter

JUTTA RICHTERS Gedicht erzählt von einem Engel, der im Spannungsfeld von Gut und Böse Menschen Schutz und Orientierung gibt. Diese Engelvorstellung regt Schülerinnen und Schüler an, sich mit ihrem Schutzengel-Bild und den biblischen Bildern von Engeln als Boten Gottes (etwa in Psalm 91, in der Bileam-Geschichte in Num 22–24 oder im Buch Tobit) auseinanderzusetzen. Besonders die Metaphern vom »Winterland« und dem »Eisschweigen« können zur Auseinandersetzung herausfordern. Reizvoll ist auch der Vergleich mit Jutta Richters »Neinengel II« oder dem »Engel der Langsamkeit« (S. 170f.; dort ausführliche methodische Vorschläge).

Der Neinengel II

Das muss ein starker Engel sein,
der uns den Mut macht für ein Nein.

Ein Kämpferengel, der gerade geht,
der sicher auf beiden Füßen steht.
Ein trotziger Engel hell wie der Tag.
Einer, der offene Worte mag.

Das muss ein starker Engel sein,
der uns den Mut macht für ein Nein.

Ein Nein, das heißt ja etwas wagen.
Das nicht zu tun, was alle sagen,
ist schwer, viel schwerer als zu nicken,
sich einzufügen und zu schicken.

Das muss ein starker Engel sein,
der uns den Mut macht für ein Nein.

Jutta Richter

In diesem Gedicht entwickelt JUTTA RICHTER (siehe S. 28) ein Engelbild, das zum begründeten Ungehorsam auffordert. Religionspädagogische Zugangsweisen können neben dem Vergleich von Darstellungen von Engeln in der Kunst der Vergleich mit anderen Gedichten (Jutta Richter, »Neinengel I«; Rudolf Otto Wiemer, »Es müssen nicht Männer mit Flügeln sein«) und biblischen Engeltexten sein. Thematisch wichtig ist für den Religionsunterricht auch der Appell des Gedichts zur Entwicklung eigener moralischer Urteilsfähigkeit.

Das böse Wort

Wie fing es an?
Wer ist schuld daran?
Du oder ich oder das böse Wort?
Aber bitte, geh nicht fort!
Willst du die Marke aus Portugal
oder lieber den blauen Ball?

Lass mich nicht allein!
Ich geb dir auch den Stein,
den Zauberkasten
oder die goldenen Quasten,
sogar meinen Indianerhut,
aber bitte, sei wieder gut!

Max Bolliger

Der Schweizer Schriftsteller MAX BOLLIGER (geb. 1929) ist vor allem durch seine Bilderbuchtexte und Erzählungen zu biblischen Stoffen bekannt geworden. In diesem schlichten Kindergedicht schildert er aus der Sicht eines Kindes einen vergangenen Streit und die Bitte um Versöhnung. Das Angebot von Geschenken als Zeichen der Wertschätzung und Ausdruck für den Wunsch nach einer heilen Beziehung kann auch Thema des Religionsunterrichts werden. Parallelen zum Thema »Versöhnung« lassen sich auch zu Robert Gernhardts Gedicht »Gesetzt den Fall ...« (S. 79) ziehen.

Sei gut!

Wie krank die Welt ist, wie umfangen
Von Gram und lauter Dunkelheit,
Oh nähre nicht das kleinste Bangen,
Noch ist dein Herz zum Licht bereit.
Und gib den Dingen noch die Güte,
Die dein ist und jetzt öfter ruht,
Und richte jede kleine Blüte,
Die müde ist, empor. Sei gut!

Eva Rechlin

EVA BARTOSCHEK-RECHLIN (1928–2010) verarbeitete in ihren frühen Werken ihre Zeit der Zwangsarbeit in der sowjetisch besetzten Zone. Die Autorin vieler Kinder- und Jugendbücher gibt in ihrem Gedicht mit den Symbolen Licht und Blume dem Vertrauen in die eigene, manchmal nur noch kleine Kraft zum Gut-Sein Ausdruck: eine Aufforderung, die auch Schülerinnen und Schülern im Religionsunterricht ans Herz gelegt werden sollte. Der Kanon von Detlev Jöcker »Viele kleine Leute« (siehe S. 98), der ein afrikanisches Sprichwort aufgreift, spiegelt diese Botschaft auf eigene Weise.

Viele kleine Leute

T: Afrikanisches Sprichwort
M: Detlev Jöcker
Aus: Das Liederbuch zum Umhängen I
© Menschenkinder Verlag u. Vertrieb GmbH,
Münster

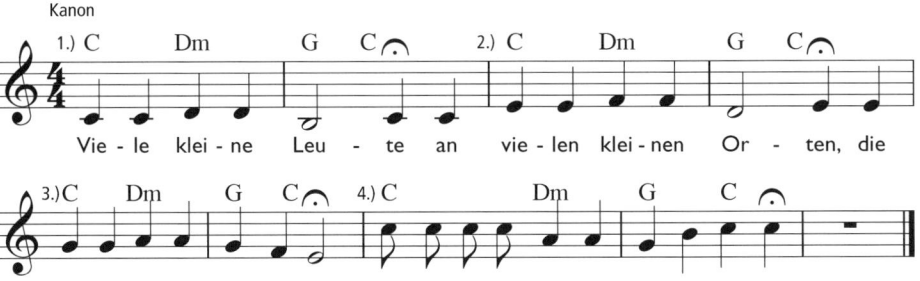

Vie - le klei - ne Leu - te an vie - len klei - nen Or - ten, die

vie - le klei - ne Schrit-te tun, kön-nen das Ge-sicht der Welt ver-än-dern.

7.
»Darum so wolln wir loben«

Von der schönen, bedrohten Welt

Wir pflügen und wir streuen

Wir pflügen und wir streuen
    den Samen auf das Land,
doch Wachstum und Gedeihen
    steht in des Himmels Hand;
der tut mit leisem Wehen
    sich mild und heimlich auf
und träuft, wenn wir heimgehen,
    Wuchs und Gedeihen drauf.

Gott sendet Tau und Regen
    und Sonn- und Mondenschein
und wickelt seinen Segen
    gar zart und künstlich ein
und bringt ihn dann behende
    in unser Feld und Brot.
Es geht durch unsre Hände,
    kommt aber her von Gott.

Was nah ist und was ferne,
    von Gott kommt alles her:
Der Strohhalm und die Sterne,
    der Sperling und das Meer.
Von ihm sind Büsch und Blätter
    und Korn und Obst von ihm,
von ihm mild Frühlingswetter
    und Schnee und Ungestüm.

Er lässt die Sonn aufgehen,
    er stellt des Mondes Lauf,
er lässt die Winde wehen,
    er tut den Himmel auf.

Er schenkt uns Vieh und Freude,
    er macht uns satt und rot;
er gibt den Kühen Weide
    und unsern Kindern Brot.

Darum so wolln wir loben
    und loben immerdar
den großen Geber droben.
    Er ist's und er ist's gar!

Matthias Claudius

Dieses bekannte Gedicht von MATTHIAS CLAUDIUS (1740–1815), unter dem Titel »Das Bauernlied« 1783 in seinen »Sämtlichen Werken des Wandsbecker Boten« zuerst veröffentlicht, ist in vielen Bearbeitungen bekannt. Auch im Evangelischen Gesangbuch findet sich eine Fassung, die als Erntedanklied Verwendung findet (EG 508). Der aus einem Pfarrhaus in Holstein stammende Matthias Claudius ist bis heute vor allem als Volkslied-Dichter bekannt. Berühmt ist »Der Mond ist aufgegangen« (S. 52), aber auch das von Franz Schubert vertonte »Der Tod und das Mädchen«. Claudius selbst wollte, wie er schrieb, seinen Lesern »keine raffiniert blähige Konditorware geben, sondern ehrlich hausbacken Brot mit etwas Koriander, das dem armen Tagelöhner besser gedeiht und besser gegen Wind und Wetter vorhält«.

Entdeckungen am Text

Mit inniger Naturfrömmigkeit besingt Matthias Claudius in ruhigen, fast feierlich wirkenden Paarreimen die vielfältigen Gaben des Schöpfers. Er wird nicht müde, in immer neuen Bildern Gottes Wirken zum Wohle des Menschen zu rühmen. Schon in der zweiten Zeile nennt er den Grund des Lobes: Nicht in des Menschen, sondern in Gottes Hand liegt das Gedeihen der Ernte. Gott »wickelt« seinen Segen ein in alles, was durch die menschliche Hand sättigende Speise wird. Von Strophe zu Strophe weitet sich der Text. Gott verdanken wir die Erscheinungen des Wetters, den Wechsel von Tages- und Jahreszeiten, alles Kleine und Große, Nahe und Ferne, Pflanzen und Tiere, Freude und Wohlergehen für Mensch und Vieh. Die letzte Strophe mündet in einem unbedingten Aufruf zum gemeinsamen Lob des Schöpfers.

Türen zum Religionsunterricht

Es ist anzunehmen, dass die Lebenswelt, die das Gedicht beschreibt, Schülerinnen und Schülern heute fremd ist. Klima und Wetter verbinden sie eher mit beängstigenden Katastrophen und Fluten als mit guter Ernte und Nahrungsmitteln. Erst recht dürfte sie der Gedanke, dass Gott mit alldem etwas zu tun hat, irritieren. Es ist zu fragen: Unterstützt die Schlichtheit der Verse nicht ein religionspädagogisch verwerfliches Bild eines mit magischen Kräften ausgestatteten Gottes, der »macht und tut«, dem Wind und Wetter gehorchen? Wie steht es um die Verantwortung des Menschen? Genau diese Fragen des erwachsenen Lesers können Gegenstand des Unterrichts sein: Die Fremdheit des alten Textes ist zu nutzen, um die Diskrepanz zwischen dem Welt- und Gottesverständnis der Kinder heute der anscheinend ungebrochenen Sichtweise des Dichters gegenüberzustellen. Thematisiert werden müsste vor allem, welche Aufgabe dem Menschen bleibt, wenn »Wachstum und Gedeihen in Gottes Hand liegen«. Mit älteren Schülerinnen und Schülern könnte vielleicht auch eine Verbindung zum bekannten Bibelvers »Was der Mensch sät, das wird er ernten« (Gal 6,7) hergestellt werden. Gottes Segen entbindet uns nicht von unserer Verantwortung. Der Gedanke der zweiten Strophe »es geht durch unsere Hände« sollte auf keinen Fall ausgespart werden. Der entscheidende, über alle Zeiten und Räume hinweg gültige Satz des Dichters aber lautet: »kommt aber her von Gott«.

Damit reiht sich das Gedicht in die Tradition bekannter Schöpfungstexte. Es erscheint lohnend, mit Schülerinnen und Schülern die vielfältigen Bilder vom Anfang, von Sinn und Zweck der Schöpfung (etwa in Psalm 104 oder auch im Sonnengesang des Franziskus) mit dem Gedicht zu vergleichen. Ziel sollte es sein, im Gedicht ein Bild der Schöpferkraft Gottes zu deuten, das nicht nur am Anfang Leben hervorbringt und Segen spendet, sondern Jahr für Jahr den Menschen am Leben erhält, getreu seinem Versprechen nach der Flut in Gen 8,22: »Nicht aufhören sollen Saat und Ernte ...« So schlägt das Gedicht eine Brücke vom Lob der Schöpfung zum Dank für Gottes Gaben. Damit könnte das Erntedankfest als Fest der Schöpfung eine neue Akzentuierung erhalten. Aber das Lied »Wir pflügen und wir streuen« sollte nicht nur einmal im Jahr gesungen werden!

Religionspädagogische Bezüge

- Dank und Loblied für die Gaben des Schöpfers.
- Verantwortung des Menschen.
- Erntedankfest.
- Bibel: Psalm 104; Worte vom Säen und Ernten (Gen 8,22; Gal 6,7).
- Sonnengesang des Franziskus.

Anregungen

- Singt das Lied aus dem Evangelischen Gesangbuch Nr. 508: »Wir pflügen und wir streuen«!
- Sprecht gemeinsam die einzelnen Strophen des Gedichts!
- Schreibt eure Fragen um das Gedicht herum!
- Vergleicht, was Gott und was der Mensch tut!
- Malt Bilder zu dem Gedicht (Text in Satzstreifen schneiden): Welche Zeilen wählt ihr dazu aus? Wie ordnet ihr sie für ein Bild?
- Folgende Zeilen könnt ihr einfügen:
  Was der Mensch sät, das wird er ernten. (Gal 6,7)
  Solange die Erde besteht, sollen nicht aufhören Saat und Ernte. (Gen 8,22)
- Welche Überschrift wählt ihr für die Bilder?
- Vergleicht das Gedicht mit Psalm 104 oder mit dem Sonnengesang des Franziskus. Unterstreicht mit gleichen Farben, wofür gedankt wird!

Zur Weiterarbeit

Ursprünglich begann der Text folgendermaßen:

> *Im Anfang war's auf Erden noch finster, wüst und leer;*
> *Und sollt was sein und werden, musst es woanders her.*
> *So ist es hergegangen im Anfang, als Gott sprach;*
> *Und wie sich's angefangen, so geht's noch diesen Tag.*

Schülerinnen und Schüler können überlegen, ob und wie sich die Aussage des Gedichts durch die Betonung des Schöpfungsgedankens verändert.

Gott, ich staune

Gott, ich staune,
lauter Wunder
hast du für uns ausgedacht.

Sag, wie hast du das gemacht,
dass es Nacht wird jeden Abend –
woher weiß denn das die Nacht?

Woher wissen die Narzissen,
dass sie Ostern blühen müssen?
Und die Gräser auf den Wiesen,
dass sie plötzlich wieder sprießen?

Und die Petersiliensamen,
drinnen in der dunklen Erde,
sag, wie können sie denn wissen,
dass sie Petersilie werden?

Stimmt es, dass die Erde rund ist?
Papa sagt, dass sie sich dreht!
Warum rutscht man dann nicht runter,
wenn man grade unten steht?

Warum fließen Wasserfälle
unaufhörlich Tag und Nacht?
Großer Gott, ich kann's nicht fassen,
wie du das hast werden lassen,
wie du alles hast gemacht.

Renate Schupp

RENATE SCHUPP (geb. 1939) ist Lehrerin, Lektorin und Autorin von Kinder-geschichten, Bilderbüchern und Gedichten vorwiegend religiösen Inhalts. In ihrem Gedicht stellt ein Kind in grenzenloser Bewunderung Gott, dem Alles-könner, ganz konkrete Fragen nach den Wundern der Natur, nach der Entste-hung der Welt. Die Fragen des Gedichts können im Religionsunterricht Kin-der zum eigenen Fragen nach der Entstehung der Welt, zum Staunen über Gottes Schöpfung anregen. In diesem Kontext kann sich eine behutsame Aus-einandersetzung mit dem anthropomorphen und artifiziellen Gottesbild des Gedichts entwickeln.

Ohne uns

Wir alle beide,
ich und du,
hielten uns die Ohren zu,
damals:
beim Urknall!
Weißt du es noch?

Weißt du es aber doch
nicht mehr,
kommt das – vielleicht –
daher,
dass wir noch nicht anwesend waren.
Damals,
vor Milliarden Jahren.

Ach, seither
durfte noch manches geschehn
– ohne uns beide.
Kannst du das verstehn?

Josef Guggenmos

JOSEF GUGGENMOS (siehe S. 62) setzt anschaulich die Zeit von der Entstehung der Welt bis zur Gegenwart mit der kurzen Zeitspanne eines Menschenlebens in Relation und bringt dabei den geläufigen Begriff »Urknall« ins Spiel. Damit werden die Schülerinnen und Schüler herausgefordert, das naturwissenschaftliche Erklärungsmodell vom Anfang von Welt und Mensch mit der biblischen Sichtweise in Beziehung zu setzen.

Raumfahrer

Im Weltraum schwebt ein blauer Ball,
der Ball ist unsre Welt.
Die Erde ist ein Ball im All,
der nicht zur Erde fällt.

Im schwarzen Weltraum schwebten wir
verlassen und allein,
schwebte nicht der Himmel mit,
der schöne blaue Schein.

Reiner Kunze

Als Raumfahrer unterwegs im Weltenraum – so sieht REINER KUNZE (siehe S. 112) unsere Welt. In dieser Unendlichkeit des Alls bietet er uns den Himmel als Begleiter an: nicht als Naturerscheinung, sondern als Chiffre für Geborgenheit und Gemeinschaft. Um solch verschiedene Sichtweisen und Bedeutungen des Symbols »Himmel« könnte es auch im Religionsunterricht gehen.

Als wäre

Gott
sagt der Mensch
als wäre er
ein Richter
säße im siebten Himmel
seine Aufgabe
Menschen zu verurteilen
oder zu belohnen
Dieser kleinliche Gott
vom Menschen erschaffen

Als wäre nicht
der Mensch
ein Pünktchen auf Erden
die Erde ein Pünktchen
im endlosen Raum
unter unendlichen Welten
die der Mensch
sich nicht einmal
vorstellen kann.

Rose Ausländer

ROSE AUSLÄNDER (siehe S. 35) stellt der Vorstellung des Menschen von Gott als einem strafenden Gott die Größe des Weltalls entgegen, die Stellung und Bedeutung des Menschen schwinden lässt. Thema des Religionsunterrichts könnte der Mensch in seiner Geschöpflichkeit und Begrenztheit sein, dem der ferne, große Gott aber seine liebende Zuwendung nicht versagt (vgl. Psalm 8).

Alles vergeht

Das bisschen Himmel
wird auch immer kleiner.
Die Spatzen merken noch nichts.
Aber ich schaue nicht mehr
nach oben.
Alles vergeht.
Vielleicht überleben die Autos
Oder der Stacheldraht.
Nein, die Saurier fehlen mir nicht.
Obwohl ich manchmal
noch von Bäumen träume:
Große dunkle Wesen
aus Holz.

Hans-Ulrich Treichel

Ein düsteres endzeitliches Szenario malt HANS-ULRICH TREICHEL (geb. 1952), Berliner Literaturwissenschaftler und Schriftsteller, in seinem Gedicht, in dem in der Überschrift und zu Anfang das biblische Wort vom Himmel und von der Erde, die vergehen (Mk 13,31), anklingt. Die Beschreibung von bedrohter Zukunft und die Sehnsucht nach dem, was einmal war, lassen Schülerinnen und Schüler ihre eigenen Ängste artikulieren und über die Verantwortung des Menschen zur Bewahrung der Schöpfung (Gen 2,15) nachdenken.

Gemeinsam I

Vergesst nicht
Freunde
wir reisen gemeinsam

besteigen Berge
pflücken Himbeeren
lassen uns tragen
von den vier Winden

Vergesst nicht
es ist unsre
gemeinsame Welt
die ungeteilte
ach die geteilte

die uns aufblühen lässt
die uns vernichtet
diese zerrissene
ungeteilte Erde
auf der wir
gemeinsam reisen

Rose Ausländer

ROSE AUSLÄNDER (siehe S. 35) geht in ihrem Mahnruf von der gemeinsamen Erfahrung einer wundervollen ungeteilten Welt aus und wendet unvermittelt ihren Blick auf deren bedrückende Zerrissenheit. Sie erinnert an die Solidarität aller Menschen und fordert zur vereinten Verantwortung für den Erhalt der schönen und gleichzeitig bedrohten Welt auf: ein Thema, das mit Gen 2,15 – »Gott, der Herr, nahm also den Menschen und setzte ihn in den Garten von Eden, damit er ihn bebaue und hüte« – auch Eingang in den Religionsunterricht findet.

8.
»Dass doch jeder das alles hätt'!«

Von Arm und Reich

Fast ein Gebet

Wir haben ein Dach
und Brot im Fach
und Wasser im Haus,
da hält man's aus.

Und wir haben es warm
und haben ein Bett.
O Gott, daß doch jeder
das alles hätt'!

Reiner Kunze

REINER KUNZE (geb. 1933) lebte und arbeitete zunächst in der ehemaligen DDR. Der im Erzgebirge geborene Bergarbeitersohn studierte Philosophie und Journalistik in Leipzig, brach die Universitätslaufbahn aber aus politischen Gründen ab. Die Gesellschaftskritik in seinen Werken – berühmt vor allem der kleine Prosaband »Die wunderbaren Jahre« (1976) – führte schließlich 1977 zur Ausbürgerung aus der DDR. Er gilt als ein Meister der »kleinen Worte«, die er oft auch kleinschreibt. Er ist ein vehementer Gegner der Rechtschreibreform.

Entdeckungen am Text

Kurz und knapp reihen sich in dem Gedicht, das an naive Kinderreime erinnert, die Notwendigkeiten des menschlichen Lebens aneinander: eine warme Behausung mit einem Bett zum Schlafen und ausreichend Speise und Trank. Gleichzeitig stellt sich die Gewissheit ein, dass viele Menschen diese elementaren Dinge des täglichen Lebens entbehren. Und so endet der kleine Text mit einem »O Gott« und dem Wunsch, dass alle – nicht nur »wir« – das täglich Notwendige besitzen mögen. Dieser Ausruf könnte dem Gedicht den Charakter eines Gebets geben, doch der Autor betitelt es ausdrücklich mit »Fast ein Gebet«. Warum reicht der Text nicht für ein Gebet? Klingt dem Autor der Ruf nach Gott zu lapidar? Ist die Bitte nur ein kindlich frommer Wunsch? Oder will Reiner Kunze, obwohl er auf Gott verweist, den täglichen Mangel nicht vorschnell an ihn delegieren? Vielleicht zeigt sich in der Überschrift sogar ein grundsätzliches Misstrauen Kunzes gegenüber dem Beten. Das Gedicht lässt uns mit seiner vieldeutigen Überschrift allein.

Türen zum Religionsunterricht

In dieser Offenheit des Gedichts liegt die Chance für den Religionsunterricht. Zunächst fordert es Schülerinnen und Schüler dazu auf, ihre eigene Sicherheit und Geborgenheit als nicht selbstverständlich zu begreifen, sondern dankbar dafür zu sein und aufmerksam die Not anderer Menschen, denen diese Güter nicht geschenkt sind, wahrzunehmen. Dieser Perspektivwechsel kann Schülerinnen und Schüler dazu anregen, zu überlegen, um was alles sie Gott bitten können, wofür das »Dach über dem Kopf« symbolisch stehen kann. Doch wie schwer fällt es Schülerinnen und Schülern, ein Fürbitt-Gebet zu formulieren, das nicht banal an einen Automaten-Gott gerichtet ist. Wie schwer fällt es ihnen, sich die Not anderer Menschen wirklich zu Herzen zu nehmen. Statt Gott lediglich um materielle Güter für sich und andere zu bitten, können sie angeleitet werden, sich an Gott zu wenden, damit er ihnen Mut, Entschlossenheit und Kreativität schenken möge, Verantwortung zu übernehmen, um die Not leidender Menschen auch mit kleinen Schritten zu wenden. Dann könnte aus dem Gedicht ein Gebet werden.

Religionspädagogische Bezüge

➤ Was Menschen zum Leben brauchen, viele aber entbehren.
➤ Ruf nach Gott, Bittgebet.

Anregungen

➤ Malt Bilder zu dem Gedicht »Kinderzeichnung« von Reiner Kunze (S. 115)!
➤ Schreibt Gebete zu folgenden Wörtern: Dach, Brot, Wasser, warmes Bett (ohne das Gedicht zu kennen)!
➤ Vergleicht eure Gebete mit dem Gedicht »Fast ein Gebet« von Reiner Kunze: Was ist gleich? Was ist anders? Warum nennt der Autor seinen Text »Fast ein Gebet«?
➤ Erweitert das Gedicht! Schreibt unter jede Zeile, was ihr besitzt:

Wir haben ein Dach
Wir haben ein schönes Haus,
ein eigenes Zimmer,
einen Garten zum Toben ...

Und Brot im Fach

_____

➤ Schreibt weitere Strophen zu dem Gedicht:

Und so bitten wir dich,
du, unser Gott ...

Zur Weiterarbeit

Zu der Erarbeitung des Gedichts kann der gleichnamige, vom Katholischen Filmwerk herausgegebene Animationsfilm (Regie: Inka Friese/Simone Masarwah, 3 Min., 2002) hinzugezogen werden.

Kinderzeichnung

Du hattest ein viereck gemalt,
darüber ein dreieck,
darauf (an die seite)
zwei striche mit rauch –
fertig war
DAS HAUS

Man glaubt gar nicht,
was man alles
nicht braucht

Reiner Kunze

Reiner Kunze beschreibt hier die Entstehung einer Kinderzeichnung. Das mit so wenigen Strichen gemalte Haus wird für ihn zum Frage-Zeichen für das, was Menschen zum Leben (nicht) brauchen. Dieses Gedicht steht in engem Zusammenhang zu seinem Gedicht »Fast ein Gebet« (S. 112). Beide Texte regen an, über Mangel und Überfluss etwa an Nahrungsmitteln nachzudenken, über die ungleiche Verteilung von Armut und Reichtum. Auch die Vater-unser-Bitte »Unser tägliches Brot gib uns heute« kann in diesem Zusammenhang neu an Bedeutung gewinnen.

Verzweiflung Nr. 1

Ein kleiner Junge lief durch die Straßen
und hielt eine Mark in der heißen Hand.
Es war schon spät und die Kaufleute maßen
mit Seitenblicken die Uhr an der Wand.

Er hatte es eilig, er hüpfte und summte:
»Ein halbes Brot und ein Viertelpfund Speck.«
Das klang wie ein Lied. Bis er plötzlich verstummte.
Er tat die Hand auf. Das Geld war weg.

Da blieb er stehen und stand im Dunkeln.
In den Ladenfenstern erlosch das Licht.
Es sieht zwar gut aus, wenn die Sterne funkeln.
Doch zum Suchen von Geld reicht das Funkeln nicht.

Als wolle er immer stehen bleiben,
stand er. Und war, wie noch nie, allein.
Die Rollläden klapperten über die Scheiben.
Und die Laternen nickten ein.

Er öffnete immer wieder die Hände
und drehte sie langsam hin und her.
Dann war die Hoffnung endlich zu Ende.
Er öffnete seine Fäuste nicht mehr ...

Der Vater wollte zu essen haben.
Die Mutter hatte ein müdes Gesicht.
Sie saßen und warteten auf den Knaben.
Der stand im Hof. Sie wussten es nicht.

Der Mutter wurde allmählich bange.
Sie ging ihn suchen. Bis sie ihn fand.
Er lehnte still an der Teppichstange
und kehrte das kleine Gesicht zur Wand.

Sie fragte erschrocken, wo er denn bliebe.
Da brach er in lautes Weinen aus.
Sein Schmerz war größer als ihre Liebe.
Und beide traten traurig ins Haus.

Erich Kästner

ERICH KÄSTNER (1899–1974), dessen Bücher zu den von den Nationalsozialisten 1933 verbrannten gehörten, lebte von 1927 bis 1944 in Berlin, später in München. Es gelang ihm, in seinen Gedichten und Feuilleton-Beiträgen melancholischen Humor mit Zeitkritik zu verbinden. Bekannt wurde er durch seine humorvollen, sozialkritischen Kinderromane (wie etwa »Emil und die Detektive« von 1929). In Kästners hoffnungsloser Ballade von der Verzweiflung eines Jungen über den Verlust eines Geldstückes, 1930 erstmals erschienen, spiegelt sich die Not nach der Weltwirtschaftskrise. Das Gedicht kann Schülerinnen und Schüler hinführen zu einem Gespräch über die vielen Gesichter der Armut früher und heute und zur Empathiefähigkeit auffordern.

Reicher Mann und armer Mann

Reicher Mann und armer Mann
Standen da und sah'n sich an.
Und der Arme sagte bleich:
Wär ich nicht arm, wärst du nicht reich.

Bertolt Brecht

BERTOLT BRECHT (1898–1956) greift in vielen seiner Werke die bestehenden unmenschlichen sozialen Verhältnisse an. Auch in diesem bitteren Vierzeiler übt er Kritik an der bürgerlich-kapitalistischen Gesellschaftsordnung, indem er das Reichwerden (weniger) auf Kosten der (vielen) Armen anprangert. Vor dieser Folie erhalten im Religionsunterricht biblische Gegenentwürfe von Gottes ausgleichender Gerechtigkeit, etwa im Gleichnis vom Kornbauern (Lk 12,16–21), das von der Verantwortung der Reichen für das Wohlergehen der Armen spricht, eine geschärfte Brisanz.

Hände

Wir gehen durch die Innenstadt
vorbei an Männern ohne Zähne,
lauter aufgehaltene Hände –
Penner,
sagt die Mama
und sie zieht mich mit sich mit.
Nein.
Nein.
Nein.
Nein.
Nein:
Keiner will sie sehn,
keiner bleibt hier stehn.
Stadt voll strenger Leute
und ich renne los und denke:
Ich bin zum Glück
noch nicht zu groß
für Taschengeld-Geschenke.

Edward van de Vendel

EDWARD VAN DE VENDEL, niederländischer Lehrer und Schriftsteller (geb. 1964), verfasste in seinem Buch »Superguppy« fünfzig Gedichte über das Leben eines kleinen Jungen. In diesem Text trifft der Protagonist auf einen bettelnden Penner, dem er im Gegensatz zu seiner Mutter und den Passanten mit kindlicher Unbefangenheit und rührender Hilfsbereitschaft begegnet. Mit den Ursachen von Obdachlosigkeit und Angeboten zur sinnvollen Unterstützung können sich Schülerinnen und Schüler im Anschluss an diesen Text auseinandersetzen und einfühlsames und solidarisches Handeln lernen. Auch das Gleichnis vom Senfkorn (Mt 13,31–32) bietet sich an, um den Wert der kleinen Kraft, Gutes zu tun, deutlich zu machen.

9.
»Der Friede ist ein Hirsekorn, klitzeklein«

Von Krieg und Frieden

Kinderfragen

Es gibt viel angst mein jüngstes
die ich dir nicht nehmen kann
großmutter ist gestorben
und panzer brauchen sie für den krieg

Es gibt viel ich kann nicht
wenn du mich fragst mein jüngstes
großmutter schälte kartoffelschlangen
der friede ist ein hirsekorn klitzeklein

Die großen jungs in den panzern
fürchten sich auch und wollen lieber nicht rein
das reich gottes ist noch winziger
als du warst und wird ein baum sein

Darunter zu wohnen

Dorothee Sölle

Wie kaum eine andere Frau hat DOROTHEE SÖLLE (1929–2003) theologisches und politisches Engagement in ihrem Leben miteinander verbunden. Ihr Name weckt Erinnerungen an ihren Protest gegen den Vietnamkrieg, an die Politischen Nachtgebete ab 1968 in Köln und ihren persönlichen Kampf gegen Krieg, Gewalt und Unterdrückung der Armen. Mit Leidenschaft setzte sie sich auch in ihren theologischen Texten und Gedichten, die sie als Gebete verstand, für umfassenden Frieden und Gerechtigkeit ein.

Entdeckungen am Text

Welche »Kinderfragen« hat das »Jüngste« in dem Gedicht von Dorothee Sölle wohl gestellt? Von welcher Angst hat es gesprochen – Angst vor dem Krieg, Angst vor dem Tod? Der Leser ist auf Vermutungen angewiesen, da er nur die Antworten der Mutter hört. Die Szene ist abends am Bettchen des Kindes zu denken: Diese Mutter begibt sich sprachlich auf die Ebene ihres Kindes und reiht Assoziationen aneinander: springt von Thema zu Thema, von Zeile zu Zeile, spricht wie in kleinen Buchstaben ohne Punkt und Komma: vom Tod der Großmutter und dem Krieg und der Angst davor, die sie auch nicht nehmen kann. Dem Leser ihrer Skizzen bleibt es überlassen, sich die Grauen des Krieges und den Verlust der Großmutter auszumalen.

Bemerkenswert ist Dorothee Sölles nochmalige Reduktion der ersten vier Gedichtzeilen zu »es gibt viel ich kann nicht«. In den nächsten Zeilen lässt die Mutter ihre Gefühle sprechen: Sie erinnert an das friedvolle Bild der kunstvoll Kartoffeln schälenden Großmutter und an die Angst der großen Jungs in den Panzern. Doch lässt sie die Hoffnung nicht untergehen. Übergangslos klingt jeweils am Ende der zweiten und dritten Strophe das Gleichnis vom Senfkorn (Mt 13,31–32) an, in das Dorothee Sölle ihre eigenen Bilder webt. Aus dem Senfkorn wird bei ihr ein »klitzekleines« Hirsekorn, das zugleich auf die vielen Menschen hinweist, die ohne Grundnahrungsmittel auskommen müssen. Ganz in der Sprache der Bibel bleibt die »Mutter«, wenn sie das Bild vom anbrechenden Reich Gottes zitiert, dessen winzigen Anfang sie auf die Fragen des Jüngsten bezieht. Am Ende steht das Bild vom Reich Gottes als einem großen Baum, der Menschen beherbergt und Geborgenheit und Sicherheit schenkt: hoffender Glaube, auch wenn er utopisch zu sein scheint.

Türen zum Religionsunterricht

Der besondere Reiz des Gedichtes für den Religionsunterricht liegt darin, dass, anders als gewohnt und in der Überschrift angekündigt, am Anfang nicht Fragen stehen, sondern Auskunft gegeben wird. Kinder werden dadurch angeregt, sich mit dem angesprochenen Kind zu identifizieren, seinen vermuteten Fragen nachzugehen und zu ihren eigenen Fragen zu finden: Warum gibt es Krieg? Warum töten Menschen? Warum sterben Menschen? Wo ist meine verstorbene Oma?

Mit ihren Fragen begeben sich die Schülerinnen und Schüler auf einen offenen Lernweg, der für den Religionsunterricht unverzichtbar ist. Am Text des Gedichts erkennen Schülerinnen und Schüler, das die Dichterin ihnen keine fertigen Erklärungen, keinen schnellen Trost gibt, sondern dass sie die Realität beschreibt und die Angst, die bleibt, die das Kind aber mit allen Menschen teilt. Dieses Eingeständnis von Hilflosigkeit nimmt den kindlichen Kummer ernst. Auch Erwachsene fürchten Krieg und Tod. Hoffnung scheint es durch Erinnerung und Anteilnahme zu geben. Auf diesem Weg erfahren Kinder, dass der Reich-Gottes-Friede trotz allen Leides angebrochen ist, mag er auch noch so klein sein. So spricht das Gedicht die altbekannten Worte des Gleichnisses neu in unsere Zeit hinein, stärkt die Schülerinnen und Schüler und regt sie an, eigene Bilder gegen Verzweiflung und Mutlosigkeit zu suchen: Bilder, die von einem unscheinbaren Anfang erzählen, aus dem im Vertrauen auf Gottes Kraft Wunderbares entstehen kann. Ganz im Sinne Dorothee Sölles, deren Theologie stark im Diesseits verankert war, können Schülerinnen und Schüler ermutigt werden, über die Aussage des Gedichts hinaus nach Wegen zu suchen, wie ein Sieg der Gerechtigkeit für alle Menschen nicht erst am Ende der Zeit, sondern schon heute ansatzweise Wirklichkeit werden könnte.

Religionspädagogische Bezüge

➤ Kinder fragen: Warum gibt es Krieg? Warum gibt es keinen Frieden für alle Menschen? Warum müssen Menschen sterben? Was bleibt von den Verstorbenen?
➤ Bibel: Hoffnungsbilder von Gerechtigkeit und Frieden; Gleichnis vom Senfkorn (Mt 13,31–32).

Anregungen

➤ Lest das Gedicht laut! Überlegt, wo ihr Pausen machen könnt!
➤ Schreibt die Fragen des »Jüngsten« rund um das Gedicht!
   Schreibt eure eigenen Fragen in einer anderen Farbe dazu!
➤ Vergleicht eure Fragen und die Antworten des Gedichts! Was wird mitgeteilt? Was nicht? Sind die Antworten der sprechenden Person auch Antworten auf deine Fragen?
➤ Sammelt Beispiele zu dem Satz:
   Es gibt viel: Ich kann nicht ...

➤ Gestaltet Pantomimen zu:
Der Friede ist ein Hirsekorn, klitzeklein.
Das Reich Gottes ist noch winziger, als du warst.
Das Reich Gottes wird ein Baum sein, darunter zu wohnen.

➤ Lest das »Gleichnis vom Senfkorn«!
➤ Vergleicht das Gleichnis mit dem Gedicht!
➤ Schreibt eigene Wachstums-Gleichnisse zu: »Wege aus der Angst«!
➤ Sammelt Zeitungsberichte! Untersucht die Berichte:
Gibt es Berichte, die von einem kleinen guten Anfang erzählen?
Woran könnt ihr erkennen, dass das Reich Gottes begonnen hat?
Was könnt ihr dafür tun?
➤ Singt das nebenstehende Lied »Komm, bau ein Haus« (Peter Janssens)
oder auch »Kleines Senfkorn Hoffnung« (Ludger Edelkötter)!

Zur Weiterarbeit

➤ Vergleicht das Gedicht mit: »Wenn jeder eine Blume pflanzte« von Peter
Härtling (S. 90)! In welcher Beziehung stehen die Gedichte zum Gleichnis
vom Senfkorn?
➤ Vergleicht die Aussage des Gedichts »Das Reich Gottes ist noch winziger,
als du warst« mit der Erklärung Dorothee Sölles:
*»Falls meine Kinder mich fragen würden, wie Gott aussieht, dann würde ich
ihnen ein Foto zeigen von einem kleinen indischen Mädchen, das Hunger hat ...
Und am nächsten Tag: ein Foto von einem Jungen aus Vietnam ...«*

Komm, bau ein Haus

T: Friedrich Karl Barth, Peter Horst,
Hans-Jürgen Netz
M: Peter Janssens
Aus: Unkraut Leben, 1977
© Peter Janssens Musik Verlag,
Telgte/Westfalen

(Ref.) Komm, bau ein Haus, das uns be-schützt, pflanz ei-nen Baum, der Schat-ten wirft, und be-schrei-be den Him-mel, der uns blüht, und be-schrei-be den Him-mel, der uns blüht.

1. Lad vie-le Tie-re ein ins Haus und fütt-re sie bei un-serm Baum, lass sie dort mun-ter spie-len, wo kei-ner sie in Krei - se sperrt, lass sie dort___ lan-ge spie - len, wo der Him - mel blüht. (Kehrvers)

2. Lad viele Kinder ein ins Haus,
   versammle sie bei unserm Baum.
   Lass sie dort fröhlich tanzen,
   wo keiner ihre Kreise stört.
   Lass sie dort lange tanzen,
   wo der Himmel blüht.

3. Lad viele Alte ein ins Haus,
   bewirte sie bei unserm Baum.
   Lass sie dort frei erzählen
   von Kreisen, die ihr Leben zog.
   Lass sie dort lang erzählen,
   wo der Himmel blüht.

4. Komm, wohn mit mir in diesem Haus,
   begieß mit mir diesen Baum.
   Dann wird die Freude wachsen,
   weil unser Leben Kreise zieht.
   Dann wird die Freude wachsen,
   wo der Himmel blüht.

Schreibstunde II

Es schreiben die Kinder der Welt,
schreiben auf lammweißes Papier:
FRIEDEN. Sie schreiben und schreiben.

Sie schreiben den ersten Buchstaben,
da streckt einer die Hand aus.
Sie schreiben den zweiten Buchstaben,
da sagt einer: ich bin schuld.
Sie schreiben den dritten Buchstaben,
da teilt einer das Brot mit dem Hungrigen.
Sie schreiben den vierten Buchstaben,
da schenkt einer den Mantel dem, der friert.
Sie schreiben den fünften Buchstaben,
da schiebt einer den Rollstuhl des Kranken.
Sie schreiben den sechsten Buchstaben,
da kümmert sich einer um den Vorbestraften.

Sie schreiben und schreiben.
Sie schreiben den siebenten Buchstaben, den letzten,
sie schreiben ihn,
da sagt der Engel: Fürchtet euch nicht.

Rudolf Otto Wiemer

Die Anzahl der Buchstaben des Wortes »Frieden« geben dem Gedicht von
RUDOLF OTTO WIEMER (1905–1998) seine Struktur. Im Mittelteil beschreibt
der Autor, durch welches konkrete Handeln Frieden und Menschenfreund-
lichkeit realisiert werden können. Im Religionsunterricht können die Bezüge
des Gedichts zu den Werken der Barmherzigkeit oder auch zur Botschaft des
Engels an die Hirten (Lk 2,8–14) herausgearbeitet werden. Vielleicht könnte
auch die Anspielung »lammweißes Papier« zu einem Bild der Offenbarung
(Offb 5) führen, zu dem Bild von dem Buch mit den sieben Siegeln, die vom
Lamm geöffnet werden.

Wann ist denn endlich Frieden

Wann ist denn endlich Frieden
In dieser irren Zeit
Das große Waffenschmieden
Bringt nichts als großes Leid

Es blutet die Erde
Es weinen die Völker
Es hungern die Kinder
Es droht großer Tod
Es sind nicht die Ketten
Es sind nicht die Bomben
Es
ist ja der Mensch
der den Menschen bedroht

Die Welt ist so zerrissen
Und ist im Grund so klein
Wir werden sterben müssen
Dann kann wohl Frieden sein

Es blutet die Erde
Es weinen die Völker
Es hungern die Kinder
Es droht großer Tod
Es sind nicht die Ketten
Es sind nicht die Bomben
Es
ist ja der Mensch
der den Menschen bedroht

Wolf Biermann

Der Liedermacher WOLF BIERMANN (geb. 1936), 1976 aus der DDR ausge-
bürgert, zeichnet in seiner aufrüttelnden Anklage ein hoffnungsloses Bild von
Krieg und Gewalt und stellt in steten Wiederholungen den Menschen als den
Verursacher des Übels heraus. Die Frage nach einem Ende der Schrecken, die
Sehnsucht nach Frieden teilt der Religionsunterricht mit den Versen des Gedichts und weist in den Verheißungstexten der Propheten (etwa Jes 2,4; 11,1–8)
auf das kommende Friedensreich hin.

Das Lied von der Moldau

Am Grunde der Moldau wandern die Steine
Es liegen drei Kaiser begraben in Prag.
Das Große bleibt groß nicht und klein nicht das Kleine.
Die Nacht hat zwölf Stunden, dann kommt schon der Tag.

Es wechseln die Zeiten. Die riesigen Pläne
Der Mächtigen kommen am Ende zum Halt.
Und gehn sie einher auch wie blutige Hähne
Es wechseln die Zeiten, da hilft kein Gewalt.

Am Grunde der Moldau wandern die Steine
Es liegen drei Kaiser begraben in Prag.
Das Große bleibt groß nicht und klein nicht das Kleine.
Die Nacht hat zwölf Stunden, dann kommt schon der Tag.

Bertolt Brecht

BERTOLT BRECHTS »Lied von der Moldau« stammt aus seinem Drama »Schweyk im Zweiten Weltkrieg«, das er 1943 im Exil in den USA schrieb. Es greift die Besetzung Prags durch die Deutschen 1939 auf und beschreibt den erwarteten Umsturz der politischen Lage durch die Machtergreifung der Unterdrückten. Die biblische Redensart »Die Ersten werden die Letzten sein und die Letzten die Ersten« (Mt 19,30) oder auch das Magnifikat (Lk 1,46–54) korrelieren mit der Brecht'schen Botschaft. Sie drücken Trost für die Zu-kurz-Gekommenen und Hoffnung auf eine bessere künftige Welt aus.

Wenn ich könnte

Wenn ich könnte,
gäbe ich jedem Kind
eine Weltkarte ...
Und wenn möglich
einen Leuchtglobus,
in der Hoffnung,
den Blick des Kindes
aufs Äußerste zu weiten
und in ihm
Interesse und Zuneigung zu wecken
für alle Völker,
alle Rassen,
alle Sprachen,
alle Religionen.

Helder Camara

HELDER CAMARA (1909–1999), Erzbischof und Befreiungstheologe aus Brasilien, wurde für sein radikales soziales und politisches Engagement für die Menschen in der Dritten Welt mit vielen Friedenspreisen ausgezeichnet. In seinem Text gibt er seiner Hoffnung auf Frieden Ausdruck, für dessen Erreichung er einen Perspektivwechsel und einen Blick über den eigenen Horizont hinaus fordert. Solche Kompetenz ist nicht nur im Religionsunterricht, sondern fächerübergreifend anzustreben.

Kindersand

Das Schönste für Kinder ist Sand.
Ihn gibt's immer reichlich.
Er rinnt unvergleichlich
Zärtlich durch die Hand.

Weil man seine Nase behält,
Wenn man auf ihn fällt,
Ist er so weich.
Kinderfinger fühlen,
Wenn sie in ihm wühlen,
Nichts und das Himmelreich.

Denn kein Kind lacht
Über gemahlene Macht.

Joachim Ringelnatz

JOACHIM RINGELNATZ (1883–1934), der als Beruf bei Behörden »Artist« angab und vor allem als spöttischer Dichter bekannt ist, zeigt sich in diesem Gedicht wiederum von seiner ernsten Seite, wenn er über das Sandspiel der Kinder meditiert: Sand verkörpert sanfte Gewaltlosigkeit und stammt doch von einem harten Stein. Im Religionsunterricht gilt es, die Ambivalenz des Symbols »Stein« auszuloten, um über Macht und Ohnmacht, über Klein- und Großsein (bei Gott) zu sprechen (vielleicht sogar zusammen mit der Bibel in Mt 18,1 zu fragen: »Wer ist der Größte im Himmelreich?«).

10.
»Mir hat mein Herr versprochen«

Von Zeit und Ewigkeit

Grabschrift

»Mein bist du«
Spricht der Tod
Und will groß Meister sein.
Umsonst –
Mir hat mein Herr
Versprochen: Du bist mein.

Albrecht Goes

ALBRECHT GOES (1908–2000) war evangelischer Pfarrer und Dichter, dessen Prosa und Lyrik von tiefer innerer Religiosität und literarischer Qualität geprägt sind. Seine Werke sind authentische Glaubenszeugnisse, die er deshalb oft auch als Predigten verstand. Inhaltlich setzte er sich viele Jahre mit der Schuld der Menschen während des Zweiten Weltkriegs auseinander. Mit dem Thema Tod beschäftigen sich sein bekanntes Gedicht »Klein ist, mein Kind, dein erster Schritt ... « und die hier ausgewählte »Grabschrift«.

Entdeckungen am Text

Das Gedicht »Grabschrift« könnte als Quintessenz seines Lebens tatsächlich für Goes' Gedenkstein gedacht sein. Tod und Gott messen sich: Zunächst schildert das Gedicht Rede und Gegenrede eines Sterbenden mit dem »großen Meister« Tod, der Besitzansprüche an ihn anmeldet. Ganz in der Tradition mittelalterlicher Bilder tritt der Tod an ihn heran, um seinen Besitz einzufordern: »Mein bist du«. Doch der Tod behält nicht das letzte Wort; er kann sich nicht zum großen Meister aufspielen, der Sterbende schleudert ihm das »Umsonst« entgegen. Denn der wahre Meister des Menschen ist der »Herr«, der ihm seit ewigen Zeiten schon das Versprechen gegeben hat: »Du bist mein«. Diese Zusage überwindet die Schwelle zwischen Diesseits und Jenseits, der Tod wird endgültig in seine Schranken verwiesen. Die schlichte Nachdrücklichkeit dieser Gewissheit spiegelt sich in der klaren, eingängigen Struktur des Gedichtes, die mit einem umfassenden Reim abschließt. Wie pointiert setzt Albrecht Goes die wenigen Worte seines Gedichtes! Nicht nur eines notwendigen Reimes wegen dreht er die Wörter in dem zentralen Schlusssatz um: Das »Mein« am Beginn des Gedichts drückt den Besitzanspruch des Todes aus, das »Du« am Ende zeugt von der Anteilnahme des Herrn.

Türen zum Religionsunterricht

Welches abgrundtiefe Vertrauen spricht aus diesen kleinen Versen von Albrecht Goes! Wird die Botschaft Schülerinnen und Schüler erreichen? Zwischen ihrer Angst vor Tod und Sterben, ihren Fragen nach dem Verbleib der Verstorbenen, ihrem so oft erfolglosen Bemühen, eine Antwort von Erwachsenen zu erhalten, kann das Gedicht, das doch von einer unumstößlichen Gewissheit vom Sieg des Herrn über den Tod spricht, erschreckend fremd wirken. Wie kann das Gedicht dennoch zum Trost und Hoffnung spendenden Text für Kinder werden? Um die Unfassbarkeit des Todes zu bewältigen, haben Menschen immer wieder versucht, ihn als Person greifbar und sichtbar zu machen: in alten Bildern und Geschichten als Knochen- oder Sensenmann, etwa in dem bekannten, von Franz Schubert vertonten Gedicht von Matthias Claudius »Der Tod und das Mädchen«, in dem aktuellen Bilderbuch von Wolf Erlbruch »Ente, Tod und Tulpe« (2007) als liebenswürdige Person mit Totenschädel und Kittelschürze. So kann Kindern, denen oft mit falschem Trost gesagt wird, Tote würden für immer schlafen, mithilfe des ersten Teils des Gedichts und evtl. mit unterstützenden Bildern die Realität des Todes eindrücklich vermittelt werden: Der Tod hat Macht, kein Mensch kann ihm entkommen, jeder muss sich ihm im Augenblick des Sterbens stellen. Diese Akzeptanz, so bitter sie auch sein mag, führt die Kinder zum Erkennen auch ihrer eigenen Sterblichkeit – ein wichtiger Schritt in der Entwicklung ihres Lebens- und Todesbewusstseins. Zum zweiten Teil des Gedichts muss Kindern Zeit und Raum gegeben werden, ihre eigenen Fragen zu artikulieren und sie an der Botschaft des Gedichts zu messen. Biblische Bilder können in dieser Phase helfen, nach dem Grund dieser Hoffnung zu fragen, damit das Provozierende der gläubigen Gewissheit nicht untergeht, sondern Platz in ihrem Leben findet. In einem letzten Schritt kann die Überschrift des Gedichtes zu eigenen Überlegungen und Gestaltungen anregen, mit welchen Grab(in)schriften Menschen ihren (Un-)Glauben zum Ausdruck bringen.

Religionspädagogische Bezüge

➤ Kinder fragen: Wohin gehen die Toten? Warum müssen denn Menschen sterben?
➤ Tod und Leben gehören zusammen.
➤ Christliche Botschaft von der Auferstehung als verwandeltem Leben bei Gott.
➤ Grabsteine als sprechende Steine von Trauer, Glauben und Hoffnung.

Anregungen

➤ Gestaltet aus dem Wortmaterial des Gedichts ein eigenes Gedicht! (Am besten mit Wortkarten arbeiten.)
➤ Vergleicht es mit dem Gedicht von Albrecht Goes (auf den Umriss eines Grabsteins geschrieben)!
➤ Vergleicht die Bilder und Texte aus dem Bilderbuch von Wolf Erlbruch »Ente, Tod und Tulpe« (München 2007) mit den ersten drei Zeilen des Gedichts! Wie wird der Tod geschildert? In welchem Verhältnis steht er zu dem Menschen?
➤ Schreibt eure Fragen zu Tod und Leben auf! Auf welche Fragen antwortet das Gedicht? Auf welche nicht?

➤ Sucht einen der beiden Bibelverse aus, schreibt eigene Sätze dazu und gestaltet aus allen Sätzen und der Gedichtzeile »Mein bist du, spricht der
Tod« einen Sprechgesang in zwei Gruppen:

Ich habe dich bei deinem Namen gerufen, du bist mein. (Jes 43,1)
Ob wir leben oder ob wir sterben, wir gehören dem Herrn. (Röm 14,8)

➤ Betrachtet auf dem Friedhof Grabsteine mit ihren Inschriften und Sym-
bolen!
➤ Malt Grabsteine und gestaltet sie mit Bildern von Symbolen und einem
Bibelvers!

was brauchst du

was brauchst du? einen Baum ein Haus zu
ermessen wie groß wie klein das Leben als Mensch
wie groß wie klein wenn du aufblickst zur Krone
dich verlierst in grüner, üppiger Schönheit
wie groß wie klein bedenkst du wie kurz
dein Leben vergleichst du es mit dem Leben der Bäume
du brauchst einen Baum du brauchst ein Haus
keines für dich allein nur einen Winkel im Dach
zu sitzen zu denken zu schlafen zu träumen
zu schreiben zu schweigen zu sehen den Freund
die Gestirne das Gras die Blume den Himmel

Friederike Mayröcker

Die österreichische Schriftstellerin FRIEDERIKE MAYRÖCKER, geb. 1924 in
Wien, ist eine der wichtigsten zeitgenössischen Lyrikerinnen deutscher Sprache, die trotz ihres individuellen Umgangs mit dem Regelwerk der Sprache
sehr erfolgreich ist. Typisch sind lange Gedankenketten, wie wir sie in diesem
späten Gedicht (1995) vorfinden. Ohne Unterbrechung vergleicht sie das Leben mit einem Baum und einem Haus und fügt den gewohnten Bildern neue
Assoziationen hinzu. Das Gedicht regt Schülerinnen und Schüler an, anhand
der Symbole »Baum« und »Haus« über Lebenszeit und -qualität zu philosophieren. Zum Thema: »Was braucht ein Mensch?«, setzt eine Zusammen-
schau dieses Gedichtes mit Reiner Kunzes Texten »Fast ein Gebet« und »Kinderzeichnung« (S. 112 bzw. 115) einen weiteren didaktischen Akzent.

Wo ist das wirkliche, wirkliche Ich?

Wo ist das wirkliche, wirkliche Ich?
Gewiss bin ich irgendwo, aber ich weiß es nicht.
Ich bin nicht meine Nase, noch mein Mund,
    noch meine Zunge,
Ich bin nicht meine Füße, noch mein Auge,
    noch meine Lunge,
Ich bin nicht meine Hände, noch mein Arm,
    noch meine Rippe,
Und ich bin nicht meine Zähne, noch meine Hüfte,
    noch meine Lippe.
Gewiss bin ich nicht meine Schulter oder mein Bein –
Oh, wo ist mein Ich? Oh, wo kann es sein?

Gedicht eines 9-jährigen Kindes

Wie viele Kinder dieses Alters fragt hier ein Kind nach seinem Ich, zunächst unbefangen, zuletzt voll banger Besorgnis, denn es merkt, dass die einzelnen Teile des Körpers nicht Sitz seiner Identität sind. Die Pädagogin Elizabeth Reed zitiert dieses Gedicht in ihrem Buch »Kinder fragen nach dem Tod« (Stuttgart 1972). Auch Schülerinnen und Schüler stellen die Frage nach dem Verbleib der Identität eines Verstorbenen. Sie können in der christlichen Überzeugung Trost finden, dass jeder Mensch in seiner Einmaligkeit und Unverwechselbarkeit über den Tod hinaus bei Gott aufgehoben ist.

Alles hat seine Stunde

Alles hat seine Stunde.
Für jedes Geschehen unter dem Himmel
gibt es eine bestimmte Zeit:
eine Zeit zum Gebären
und eine Zeit zum Sterben,
eine Zeit zum Pflanzen
und eine Zeit zum Abernten der Pflanzen,
eine Zeit zum Töten
und eine Zeit zum Heilen,
eine Zeit zum Niederreißen
und eine Zeit zum Bauen,
eine Zeit zum Weinen
und eine Zeit zum Lachen,
eine Zeit für die Klage
und eine Zeit für den Tanz,
eine Zeit zum Steinewerfen
und eine Zeit zum Steinesammeln,
eine Zeit zum Umarmen
und eine Zeit, die Umarmung zu lösen,
eine Zeit zum Suchen
und eine Zeit zum Verlieren,
eine Zeit zum Behalten
und eine Zeit zum Wegwerfen,
eine Zeit zum Zerreißen
und eine Zeit zum Zusammennähen,

eine Zeit zum Schweigen
und eine Zeit zum Reden,
eine Zeit zum Lieben
und eine Zeit zum Hassen,
eine Zeit für den Krieg
und eine Zeit für den Frieden.

Die Bibel: Kohelet 3,1–8

Nach biblischem Verständnis ist die Zeit dem Menschen vorgegeben. Allem, was geschieht, ist eine Zeitspanne von Gott bestimmt, was dieser Text in vierzehn Gegensatzpaaren vom Anfang bis zum Ende des Lebens entfaltet. Das Bewusstsein dieser Unverfügbarkeit, verbunden mit der Achtsamkeit für das Jetzt – auch mit seinen Herausforderungen –, kann im Religionsunterricht angebahnt werden.

Du bist ein Schatten am Tage

Du bist ein Schatten am Tage
Und in der Nacht ein Licht;
Du lebst in meiner Klage
Und stirbst im Herzen nicht.

Wo ich mein Zelt aufschlage,
Da wohnst du bei mir dicht;
Du bist mein Schatten am Tage
Und in der Nacht ein Licht.

Wo ich auch nach dir frage,
Find ich von dir Bericht,
Du lebst in meiner Klage
Und stirbst im Herzen nicht.

Du bist ein Schatten am Tage
Und in der Nacht ein Licht;
Du lebst in meiner Klage
Und stirbst im Herzen nicht.

Friedrich Rückert

Dieses Gedicht von FRIEDRICH RÜCKERT (1788–1866), Schriftsteller und Privatgelehrter für Orientalistik, stammt aus seinen Kindertotenliedern, einem Gedichtzyklus von über 400 Gedichten, in denen er den frühen Tod seiner beiden Kinder beklagt. In den von arabischer Poesie geprägten Versen beteuert der Trauernde dem Verstorbenen seine treue Liebe und Verbundenheit über den Tod hinaus. Der Wunsch nach Kontinuität der Beziehung zu einem Verstorbenen ist in der christlichen Vorstellung von der Gemeinschaft der Lebenden mit den Toten aufgehoben. Dieses Trost- und Hoffnungspotenzial kann im Religionsunterricht entfaltet werden.

Für ein Kind

Ich habe gebetet. So nimm von der Sonne und geh.
Die Bäume werden belaubt sein.
Ich habe den Blüten gesagt, sie mögen dich schmücken.

Kommst du zum Strom, da wartet ein Fährmann.
Zur Nacht läutet sein Herz übers Wasser.
Sein Boot hat goldene Planken, das trägt dich.

Die Ufer werden bewohnt sein.
Ich habe den Menschen gesagt, sie möchten dich lieben.
Es wird dir einer begegnen, der hat mich gehört.

Günter Bruno Fuchs

GÜNTER BRUNO FUCHS (1928–1977), Berliner Illustrator und Autor von Gedichten, Erzählungen und Kinderbüchern, widmet diese Verse einem Kind, von dem der Sprecher Abschied nehmen muss. Das schmerzliche Loslassen steht im Zeichen inniger Fürsorge, guter Wünsche und hoffnungsvoller Bitten, gar einem Gebet, das er dem Scheidenden auf seiner letzten Fahrt über den Fluss mit auf dem Weg gibt. Der Zugang im Religionsunterricht kann über einen Vergleich der antiken Hades-Vorstellung mit christlichen Bildern (Wohnung Gottes unter den Menschen, Offb 21,3–4) erfolgen oder auch über die Frage, welche Rolle der nicht genannte Gott in diesem Text spielt.

Freies Geleit

Da wird ein Ufer
zurückbleiben.
Oder das End eines
Feldwegs.

Noch über letzte Lichter hinaus
wird es gehen.

Aufhalten darf uns
niemand und nichts!

Da wird sein unser Mund
voll Lachens –

Die Seele
reiseklar –

Das All
nur eine schmale
Tür,

angelweit offen –

Heinz Piontek

HEINZ PIONTEK (1925–2003) war in vielen literarischen Gattungen zu Hause; auch religiöse Motive finden sich in zahlreichen seiner Gedichte und Erzählungen. In »Freies Geleit« deutet er in meditativen, poetischen Bildern die letzte Reise, die Menschen in gespannter Erwartung ins Jenseits antreten. Die vierte Strophe mit ihren Anklängen an Psalm 136,2 drückt die Gewissheit kommender Freuden aus. Das offene Ende der letzten Verse bietet die Chance, im Religionsunterricht nach eigenen Vorstellungen vom Jenseits zu fragen und sich mit christlichen Hoffnungsbildern wie Paradies und Himmel auseinanderzusetzen.

11.
»Damit sie ertrinken könnten in den gewaltigen Fluten«

Von Gott und der Bibel

Wäre ich Gott

Wäre ich Gott,
dann würde ich weinen
über die Menschen,
sie, die ich geschaffen
zu meinem Ebenbild.
Wie ich weinen würde
über ihre Bosheit
und Gemeinheit
und Rohheit
und Dummheit
und ihre armselige Güte
und hilflose Verzweiflung
und Trauer.

Und wie ich weinen würde
über ihre Herzensangst
und ihren ewigen Hunger,
ihre Sorge
und Todesfurcht
und trostlose Einsamkeit
und über ihre Schicksale,
ihre erbärmlichen kleinen Schicksale,
und ihr blindes Tasten
nach jemand ...
irgendeinem!
Vielleicht nach mir!

Und wie ich weinen würde
über alle Todesschreie
und alles Blut, das so

vergeblich fließt,
so zutiefst vergeblich,
und über den Hunger
und die Hoffnungslosigkeit
und die Not
und alle wahnsinnigen Qualen
und einsame Tode
und über die Gefolterten,
die schreien und schreien,
und über die Folterer noch mehr.

Und dann die Kinder,
alle, alle Kinder,
über sie würde ich
am allermeisten weinen.
Ja, wäre ich Gott,
gewiss würde ich viel
über die Kinder weinen,
denn nie habe ich mir gedacht,
dass sie es so wie jetzt
haben sollten.

Ströme, Ströme
würde ich weinen, damit
sie ertrinken könnten
in den gewaltigen Fluten
meiner Tränen,
alle meine armen Menschen,
und endlich Ruhe wäre.

Astrid Lindgren

Zu Beginn des zweiten Golfkrieges, 1991, schrieb die schwedische Schriftstellerin ASTRID LINDGREN (1907–2002) ein erschütterndes Gedicht, das so gar nicht zu dem bekannten und beliebten Bild von ihr als Schöpferin vieler mutiger, heiterer Kinderfiguren zu passen scheint. Die Autorin, die sich zeit ihres Lebens vehement gegen eine religiöse Vereinnahmung ihrer Werke gewehrt hat, wagt es hier, sich in ihrer Vorstellung mit Gott zu identifizieren und aus seinem Mund das Elend des Menschen, vor allem der Kinder, die ihr besonders am Herzen lagen, zu beweinen.

Entdeckungen am Text

»Wäre ich Gott, dann würde ich weinen ...«, so beginnt ein nicht enden wollender Trauergesang über die Bosheit und hoffnungslose Einsamkeit der Menschen, über die Schreie der Gefolterten und über die Folterer. Und schon nach den ersten Zeilen möchte man rufen: »Es reicht!« Über vier lange Strophen wird eine unvorstellbare Litanei vom Elend der Menschen ausgebreitet: immer wieder unterbrochen vom Weinen Gottes über seine Geschöpfe, die als seine Ebenbilder anders geraten sind, als er sie gedacht hat. Auch die blinden Tastversuche der leidenden Menschen nach irgendeinem Halt lassen Gott weinen. Am allermeisten aber weint er über die Kinder – hier versagt der Autorin die Stimme, ihrem Mitgefühl eine Sprache zu geben – alles ist auch schon gesagt. Die Kinder und schließlich alle Menschen lässt Gott in den Fluten ertrinken, nicht in einer reißenden Regenflut, sondern in den Tränen seiner Liebe mit der Hoffnung, dass »endlich Ruhe wäre«. Trotz der Verzweiflung über seine missratenen Ebenbilder bleibt er ihnen aber zugetan und nennt sie »meine armen Menschen«.

Türen zum Religionsunterricht

Was ist von diesem düsteren Gedicht mit dem bitteren Ende Schülerinnen und Schülern in dieser Altersgruppe zuzumuten? Hilflos macht schon den erwachsenen Leser das Ausmaß des Elends und die Machtlosigkeit, die er mit Gott teilt. Doch auch Kinder sind – nicht zuletzt durch die Medien – mit der Angst vor einer bedrohten Zukunft, mit Krieg und Katastrophen konfrontiert. Menschen leben nicht so, wie sie als Ebenbilder Gottes, die Leben hüten und bewahren sollen (Gen 1,27–28), gedacht waren. Sie leben in einer Spirale von Gewalt, Elend, Versagen und Schuld, die ihren Anfang mit der Geschichte von der enttäuschten Liebe Gottes zu seinen Geschöpfen (Gen 3) genommen hat. Deshalb ist es notwendig, dass Schülerinnen und Schüler sich mit dem Leid und seinen vielfältigen Ursachen – auch den biblischen Grundlagen – auseinandersetzen. Sie müssen die Unheilsbeschreibungen des Gedichts mit ihren eigenen Erfahrungen in Beziehung setzen, wie der alttestamentliche Psalmist müssen sie den »blind tastenden« Opfern eine Stimme geben und Klagen lernen und Leid und Elend aushalten.

Aber anders als in den Psalmen richtet sich Astrid Lindgrens Klage nicht an Gott, sondern in ihren Augen verzweifelt Gott selbst an seinen Geschöpfen. Dieses Bild eines liebenden, mitleidenden, zärtlichen, aber ohnmächtigen und schließlich noch sich in seiner Vernichtung erbarmenden, mitleidenden Gottes fordert zugleich heraus, mit den Schülerinnen und Schülern die eigenen Vorstellungen von Gott zu hinterfragen. Das Gedicht führt mitten hinein in die Theodizee-Problematik. So ist zu fragen: Wie spricht die Bibel von Gott angesichts von Leid und Tod? Hier bietet sich etwa die Geschichte vom Bundesschluss Gottes mit Noah (Gen 6) an, die Gottes Güte über seinen Willen zur Vernichtung stellt. Im Neuen Testament lässt die Geschichte von Jesus, des Mensch gewordenen Gottes, der sich in das Elend der Welt hineinbegeben hat, sich mit allen Leidenden solidarisiert und uns zum Vorbild wird, hoffen und vertrauen. Schließlich erzählen die Bilder der Offenbarung von einem neuen Himmel und einer neuen Erde ohne Leid und Tod, wenn Gott alle Tränen von den Augen abgewischt haben wird (Offb 21,1–5a). Auch etwa die »Stillung des Seesturms« (Mt 8,23–27), die die Wassersymbolik aufnimmt und als Auferstehungswunder verstanden werden kann, hat nicht nur die ersten Christen vertrauen lassen, dass alles zu einem guten Ende kommen wird. Für Lehrerinnen und Lehrer stellt sich die Frage, wie diese biblische Sichtweise Eingang in den Unterricht finden kann, ohne dass sie wie ein billiges Trostpflaster auf die großen Wunden der Welt, die Astrid Lindgren benennt, aufgeklebt wird.

Religionspädagogische Bezüge

➤ Kinder fragen: Warum gibt es Leid und Schuld? Will Gott die Menschen vernichten?
➤ Ambivalenz des Symbols »Wasser«.
➤ Bibel: Psalmworte der Klage, jüdisch-christliche Hoffnungsbilder: Bund Gottes mit Noah (Gen 6), das Kreuz, die neue Welt Gottes (Offb 21,1–5a), Stillung des Seesturms (Mt 8,23–27).

Anregungen

> ➤ Diskutiert anhand der Wortsammlung (Gedicht ohne die Zeilen, die von
> Gott handeln, präsentieren)!
> Welchen Zustand der Welt beschreibt Astrid Lindgren?
> Was haben die Menschen erlebt, getan?
> Wo leiden sie unschuldig?
> Wo tragen sie Verantwortung? Wo sind sie Opfer, wo Täter?
> Welche Geschichten von Tätern und Opfern kennst du?

Marc Chagall, Die weiße Kreuzigung, 1938

➤ Gestaltet Collagen mit den Wörtern des Gedichts, die euch wichtig sind, den eigenen Geschichten und den Psalmworten (Ps 22,2; Ps 22,3; Ps 25,17; Ps 38,7; Ps 69,2–4; Ps 88,9b)!

➤ Verfasst eine Rede: »Wäre ich Gott, dann würde ich ...«

➤ Lest dann das ganze Gedicht mit verteilten Rollen!

➤ Vergleicht eure Rede mit dem Gedicht!

➤ Was hat Astrid Lindgren dazu veranlasst, ein solches Gedicht zu schreiben?

➤ Was haltet ihr von dem Gott Astrid Lindgrens, der die Menschen im Meer seiner Tränen untergehen lässt? Vergleicht damit die Verheißungen von der neuen Welt Gottes!

➤ Lest die Geschichte von Gottes Bund mit Noah oder die Geschichte von der »Stillung des Seesturms«!

➤ Betrachtet das Bild »Die weiße Kreuzigung« von Marc Chagall! (Farbige Abbildung z.B. in Treffpunkt RU 5/6, S. 79, sowie in der zugehörigen Folienmappe, Abb. 6). Von welchem Leid erzählt das Bild? Welche Geschichte erzählt das Kreuz in der Mitte?

➤ Schreibt zu dem folgenden Gebet von Reinhard Bäcker weitere Strophen! Schreibt sie auf große, weiße Tränenbilder!

> Du! Guter Gott!
> Hörst du das Weinen
> so vieler Menschen
> auf unserer Erde?
> In Jesu Namen
> bitten wir Dich
> um Dein Erbarmen:
> Erbarme Dich
> und mach uns im Leid
> zum Trösten bereit.
>
> *Du! Guter Gott!*
> *Siehst du ...*

➤ Klebt die Tränentexte, einen Regenbogen und das Bild von der »Weißen Kreuzigung« in die Collage.

Die Arche

Da saßen sie nun auf dem großen Schiff
Und überall war Wasser
Sie waren störrisch, sie hatten Angst
Und wurden immer nasser.

Der Rabe krächzte mit letzter Kraft
Ich halte es hier nicht mehr aus
Ich fliege jetzt mit der Rabenfrau
Wir fliegen einfach nach Haus.

Der Löwe grollte, du bist ja dumm
Ihr werdet beide ertrinken
Ihr werdet in dieser großen Flut
Wie Steine nach unten sinken.

Da mischte sich auch der Esel ein
Er sagte, mein Freund bleibe hier!
Wir sitzen alle im gleichen Boot
Und leiden alle dieselbe Not
Entgegnete darauf der Stier.

Sie haderten, sie murrten und froren
Sie fingen bald an zu zanken
Da war kein Platz für Freundlichkeit
Auf diesen fauligen Planken.

Da war kein Platz für Zärtlichkeit
Für leises und liebes Gurren
Die kleine Taube war es leid
Sie stieß sich ab, fiel wie ein Stein
in den großen, grauen Himmel hinein.

Und niemand glaubte sie wiederzusehen
Sie wurden auf einmal ganz stumm
Denn alle dachten das Taubentier
Das kommt in den Fluten um.
Da lichtete sich das Himmelgrau
Die Sonne traf auf die Wogen
Und plötzlich steigt aus dem Wellental
Ein bunter Regenbogen

Jutta Richter

In der Arche spielt das Erzählgedicht von Jutta Richter, das die Autorin in ihrer Begabung zeigt, einem biblischen Stoff treu zu sein und ihm doch seine Schwere zu nehmen. Wo die Bibel wenig Auskunft gibt, malt die Autorin aus: Sie erzählt von der Bosheit, die auch in der Arche kein Ende findet, von den Streitigkeiten der Tiere, die erst durch die gefährliche Flucht der Taube verstummen, und zuletzt vom unvermittelten Erscheinen des Regenbogens. Für den Religionsunterricht liegt ein Vergleich des Gedichts mit Gen 6–9 auf der Hand.

himmel

der natürliche ort des steines
ist der mittelpunkt der erde
so hoch du den stein
auch schleuderst
er fällt immer wieder nach unten
dem erdzentrum zu

der natürlichste ort des menschen
ist der horizont aus himmel
so tief der mensch auch fällt
so wird er doch von oben
angezogen
der gottesweite zu

Andreas Knapp

Der Priester und Schriftsteller ANDREAS KNAPP (geb. 1958), der zunächst eine kirchliche »Karriere« als Hochschulseelsorger und Direktor des Theologenkonvikts in Freiburg machte, gehört seit 2000 zur Gemeinschaft der »Kleinen Brüder vom Evangelium« und verdient seinen Lebensunterhalt als Fließbandarbeiter in Leipzig. Am Beispiel eines Steines deutet er anschaulich die Beziehung von Gott und Mensch. Anders als der immer wieder zur Erde herunterfallende Stein wird der Mensch vom Himmel, dem Ort der Gottesbegegnung, angezogen. Schülerinnen und Schüler können sich, durch das Gedicht angeregt, im Religionsunterricht mit ihren eigenen und biblischen Gottesvorstellungen (etwa in den Psalmen) befassen. Interessant könnte es sein, mit dem Gegenbild, das im Lied von Arno Pötzsch und Hans Georg Bertram »Du kannst nicht tiefer fallen als nur in Gottes Hand« (EG 533) entfaltet wird, zu arbeiten.

Auferstehung

Vor seiner Geburt
war Jesus
auferstanden
Sterben gilt
nicht
für Gott und
seine Kinder
Wir Auferstandenen
vor unserer Geburt

Rose Ausländer

Eine komplexe Christologie fasst das Gedicht der jüdischen Dichterin Rose Ausländer (siehe S. 35) in wenigen Worten zusammen. Mit Jesus, der hier mit Gott gleichgesetzt wird, machen Menschen die Erfahrung von Sterben und Auferstehung, die hier nicht in zeitlicher Abfolge gedacht wird, sondern grundsätzlich Gültigkeit hat. Das fordert Schülerinnen und Schüler auf, sich ihrer christologischen Vorstellungen bewusst zu werden und sie zu artikulieren, um sie mit dem Gedicht und weiterführend etwa mit dem Glaubensbekenntnis ins Gespräch zu bringen.

Abendgebet

Herr, bleibe bei mir,
denn es will Abend werden,
und wieder sinkt die Sonne hinterm Wald.
Allein ist mir die schwarze Nacht zu kalt,
ein Eulenruf schon stürzt mich ins Verderben.

Ich bitte dich,
lass mich jetzt nicht in Ruhe,
denn Ruhe find ich nur in deinem Schoß,
und ohne dich ist mir die Nacht zu groß
wie einem kleinen Kind des Vaters neuer Schuh.

Herr, bleibe bei mir,
bis es Tag geworden.
Das Morgengrauen hilf mir überwinden.
Lass mich den Tau in Spinnennetzen finden.
Küss mich und geh zurück auf deinen Stern im Norden.

Jutta Richter

Den aus der Emmausgeschichte (Lk 24,29) stammenden Bibelvers setzt JUTTA RICHTER (siehe S. 28) als Bitte an den Anfang der ersten und der dritten Strophe ihres gereimten Abendgebetes. Doch dann gibt sie in der letzten Strophe dem Gedicht eine unerwartete Wendung, indem sie den biblischen Text in einen anderen Erlebniskontext stellt. In dieser Beziehung ist der Text typisch für den Umgang zeitgenössischer Autoren mit biblischen Versen und Motiven – ein interessanter Aspekt, der mit älteren Schülerinnen und Schülern im Religionsunterricht erarbeitet werden kann.

12.
»Wir alle sind Kaspar Melchior Balthasar«

Von Festen und Feiern

Dreikönigsbeweis

ob ihr Gebein ruht
im goldenen
Schrein
ob es
sie je gegeben
ob wer sie erfunden hat

ist es im Grunde nicht gleich

denn ihre Sternenerzählung
ist die vom Königsweg
den jeder zu gehn
versucht
unterm Himmel
und darum wirklich und wahr

wir alle
sind Kaspar Melchior Balthasar

Heinz-Albert Heindrichs

HEINZ-ALBERT HEINDRICHS (geb. 1930) ist in vielen Sparten des Kulturbetriebes zu Hause: als Komponist, Dirigent und Maler. Viele Jahre lang war er Professor für Musik und Komposition an der Universität Essen und an der Folkwang Hochschule in Essen. Seit den 60er-Jahren schreibt er auch Gedichte. Der Text »Dreikönigsbeweis« ist unter dem Eindruck des Weltjugendtags 2005 in Köln entstanden, der in seinem Motto »Wir sind gekommen, um IHN anzubeten« (Mt 2,2) die Wanderung der Heiligen Drei Könige aufgegriffen hat.

Ist es nicht müßig, nach dem Beweis zu fragen, »ob es sie je gegeben« hat – die Sterndeuter der Kindheitsgeschichte des Matthäus (Mt 2,1–12), aus denen erst im Laufe der Jahrhunderte die drei Könige Kaspar, Melchior und Balthasar geworden sind, die im goldenen Schrein im Kölner Dom verehrt werden? Das ist der Ausgangsgedanke des kleinen Gedichts von Heinz-Albert Heindrichs, das assoziativ in knappen Zeilen und Wörtern nur wenig vom biblischen Text wiedergibt. Trotzdem stehen dem Leser die Szenen der altbekannten Geschichte lebhaft vor Augen. Indem Heindrichs vom »Königsweg, den jeder zu gehen versucht« spricht, fragt er vielmehr nach der inneren Wahrheit der Geschichte. Aber von welcher Art »Königsweg« redet er? Wohl nicht von dem »Königsweg« in seiner üblichen Bedeutung als einem Weg, der leicht und treffsicher zum Ziel führt; das entspräche wohl kaum dem beschwerlichen, mühevollen Weg der biblischen Magierkönige. Es geht eher um den besonderen, den besten aller Wege, den jeder Mensch zu gehen versucht: den Weg zum Weltenkönig aller Menschen und aller Zeiten, den Weg zu Gott. In diesem Sinne sind Kaspar, Melchior und Balthasar Prototypen für jeden, der sich auch durch Umwege nicht beirren lässt, Ziel und Sinn seines Lebens zu suchen. Die biblische Weggeschichte tritt aus ihrer weihnachtlichen Nische und erhält universale Bedeutung.

So ist dieses Gedicht auch ein Verweis darauf, wie wenig Bedeutung oftmals die Frage nach der Historizität des Geschehenen hat. Wahr ist, was sich dem Menschen in Bildern, Mythen und Legenden offenbart und ihn in seiner Seele anspricht. »Wahr ist nicht nur, was sich beweisen lässt« – so könnte deshalb eine zweite Überschrift des Gedichtes lauten.

Türen zum Religionsunterricht

Immer wieder setzt es Kinder (und Erwachsene) in Erstaunen, wenn sie mitbekommen, wie wenig von der bekannten Dreikönigsgeschichte mit ihrem reichen Geflecht von Brauchtum und Verehrung tatsächlich im Matthäusevangelium (Mt 2,1–12) zu finden ist und wie wenig bei näherer Betrachtung von diesen zwölf Versen an historischen Fakten bleibt. Noch weniger davon bewahrt das Gedicht »Dreikönigsbeweis«. Deshalb kann es Schülerinnen und Schüler vor allem auf die innere Wahrheit der biblischen Geschichte verweisen und sie darüber zum Nachdenken auffordern. Eine auf diese Frage konzentrierte Textarbeit wird Schülerinnen und Schülern die verschiedenen Sprachebenen des Gedichtes erschließen helfen und ihnen damit erste, aber wichtige hermeneutische Kompetenzen vermitteln.

Eine inhaltliche Beschäftigung mit dem Gedicht führt zu einem neuen Blick auf Weihnachten: im Altbekannten eine über das Fest herausragende Spur zu entdecken, die die Suche eines jeden Menschen nach Gott als Weg auch mit Fragen und Enttäuschungen, aber mit einem Stern am Himmel beschreibt und zum Mitgehen einlädt. Eine interreligiöse Dimension erhält der Unterricht, wenn er auch Menschen aller Religionen einbezieht, die mit den »Vorboten der Heiden«, den fremden Magierkönigen, auf der Gottsuche sind.

Religionspädagogische Bezüge

➤ Sprache der Mythen und Bilder, Frage nach der Wahrheit biblischer Texte und Mythen.
➤ Menschen fragen und suchen nach Gott.
➤ Begegnung der Religionen.
➤ Bibel: Huldigung der Sterndeuter (Mt 2,1–12).

Anregungen

➤ Schreibt auf, was ihr unter einem »Königsweg« versteht!
➤ Lest das Gedicht (ohne Überschrift) laut und fügt Satzzeichen in den Text ein! Lest es dann mit verteilten Rollen! Sprecht die letzten vier Zeilen im Chor!
➤ Erkundigt euch im Internet: Wo ist der Schrein der Heiligen Drei Könige zu finden? Welchen Weg hat er in der Geschichte genommen?
➤ Schreibt die Geschichte von den Drei Königen auf, so wie ihr sie in Erinnerung habt! Vergleicht sie dann mit dem Text in der Bibel (Mt 2,1–12)! Vergleicht dann das Gedicht mit beiden Texten! Wo findet ihr gleiche Wörter? Unterstreicht sie!
➤ »Ob es die Könige je gegeben, ob wer sie erfunden hat – ist es im Grunde nicht gleich?«, heißt es im Gedicht. Auf welchen Einwand könnte Heinz-Albert Heindrichs geantwortet haben?
➤ Sucht eine Überschrift zu dem Gedicht! Vergleicht sie mit der Überschrift, die der Autor dem Gedicht gegeben hat!

➤ Warum sind wir alle »Kaspar Melchior Balthasar«? Wo ist die biblische Geschichte vom »Weg der Sterndeuter« auch für uns wegweisend, Gott zu finden?

➤ Wo wird in Religionsbüchern von »Gottsuchern« auch aus anderen Religionen erzählt? Schreibt die Namen von Menschen auf, die in besonderer Weise in ihrem Leben Gott suchen oder gesucht haben!

Weihnachten

Markt und Straßen stehn verlassen,
Still erleuchtet jedes Haus,
Sinnend geh ich durch die Gassen,
Alles sieht so festlich aus.

An den Fenstern haben Frauen
Buntes Spielzeug fromm geschmückt,
Tausend Kindlein stehn und schauen
Sind so wunderstill beglückt.

Und ich wandre aus den Mauern
Bis hinaus ins freie Feld,
Hehres Glänzen, heilges Schauen!
Wie so weit und still die Welt!

Sterne hoch die Kreise schlingen,
Aus des Schnees Einsamkeit
Steigt's wie wunderbares Singen –
O du gnadenreiche Zeit!

Joseph von Eichendorff

JOSEPH VON EICHENDORFF (1788–1857), tiefreligiöser Romantiker, betonte die Einheit von Mensch und Natur, von Himmel und Erde. In seinem bekannten Weihnachtsgedicht drückt er die Gefühle eines am Heiligen Abend durch die Stadt und ins freie Feld wandernden Menschen in innigen, festlichen Stimmungsbildern aus. Schülerinnen und Schülern im Religionsunterricht kann anhand dieses Gedichtes Weihnachten als Fest mit alter, reicher Tradition vorgestellt und mit der konträren Sichtweise der zeitgenössischen Autorin Jutta Richter in ihrem nebenstehenden Gedicht verglichen werden.

Was würdest du machen,
wenn Weihnachten wär'

Was würdest du machen, wenn Weihnachten wär'
und kein Engel würde singen.
Es gäbe auch keine Geschenke mehr,
kein »Süßer-die-Glocken-nie-klingen«.

Im Fernsehen hätte der Nachrichtensprecher
Weihnachten glatt vergessen,
Und niemand auf der ganzen Welt
würde Nürnberger Lebkuchen essen.

Die Nacht wäre kalt.
Dicke Schneeflocken fielen,
als hätt' sie der Himmel verloren.
Und irgendwo in Afghanistan
würde ein Kind geboren.

In einem Stall, stell es dir vor.
Die Eltern haben kein Haus.
Was glaubst du, wie ginge wohl dieses Mal
eine solche Geschichte aus?

Jutta Richter

Mit einem Gedankenexperiment überrascht JUTTA RICHTER (siehe S. 28) in diesem Gedicht und bricht dabei mit allem, was sich um das Weihnachtsfest an Brauchtum rankt. Sie reduziert und aktualisiert die biblische Botschaft auf die armselige Geburt eines Kindes in einem Stall und verlegt das Geschehen in das unter Kriegen leidende Afghanistan. Mit ihrer provozierenden Schluss-frage fordert sie auch Schülerinnen und Schüler zu einer kritischen Betrach-tungsweise auf, die die biblische Friedensbotschaft freilegt und ernst nimmt.

Da kannst du Osterspuren finden

Wenn mir einer die Frage stellt
nach Osterspuren in unsrer Welt,
muss ich nicht schweigen,
will ich ihm zeigen,
wo und wann
heute geschieht, was damals begann,
als Ostern seinen Anfang nahm.

Wo einer dem andern neu vertraut
und mit ihm eine Brücke baut,
um Hass und Feindschaft zu überwinden,
da kannst du Osterspuren finden.

Wo einer am Ende nicht verzagt
und einen neuen Anfang wagt,
um Leid und Trauer zu überwinden,
da kannst du Osterspuren finden.

Wo einer im Dunkeln nicht verstummt,
sondern das Lied der Hoffnung summt,
um Totenstille zu überwinden,
da kannst du Osterspuren finden.

Wo einer das Unrecht beim Namen nennt
und sich zu seiner Schuld bekennt,
um das Vergessen zu überwinden,
da kannst du Osterspuren finden.

Wo einer das Unbequeme wagt
und offen seine Meinung sagt,
um Schein und Lüge zu überwinden,
da kannst du Osterspuren finden.

Wo einer gegen die Strömung schwimmt
und fremde Lasten auf sich nimmt,
um Not und Leiden zu überwinden,
da kannst du Osterspuren finden.

Wo einer dich aus der Trägheit weckt
und einen Weg mit dir entdeckt,
um hohe Mauern zu überwinden,
da kannst du Osterspuren finden.

Reinhard Bäcker

REINHARD BÄCKER (1940–2003), evangelischer Pfarrer, Religionspädagoge und Liederdichter, begibt sich in seinem Gedicht auf die Suche nach Osterspuren hier und jetzt. Er deutet mit anschaulichen Beispielen Ostern als ein Fest der Auferstehung, das auch heute Menschen Mut und Hoffnung gibt, trotz Leid, Tod und Schuld einen neuen Anfang zu wagen.

Wie ein Hauch

Geist Gottes,
hauch mich an!

Wenn ich wie ein Schiff ohne Wind bin,
füll meine Segel mit deinem Atem.

Wenn ich ein müdes Feuer bin,
fach meine Flammen wieder an.

Wenn ich ein Vogel bin mit gebrochenen Flügeln,
heile mich mit deinem Hauch.

Wenn ich keuchend vor dem Ziel ermatte,
sei ein Sturmwind, der mich weiterträgt.

Geist Gottes,
hauch mich an!

Benoît Marchon

In bildreicher Sprache – ähnlich wie in seinem bekannten Text »Jemand stirbt. Und das ist ...« – schildert BENOÎT MARCHON, französischer Autor von Gedichten und Kinderbüchern, hier das Wirken des Geistes Gottes, der Menschen Mut, Kraft, Stärke und Heilung schenkt. Im Religionsunterricht können die Metaphern von Sturm und Feuer aufgegriffen und in weiterführender Arbeit mit der Pfingstgeschichte (Apg 2,1–4) verknüpft werden. So kann Pfingsten als bedeutsames Fest der Verwandlung herausgestellt (und gefeiert) werden.

Sabbatruhe

Heute ist
die Haut der Erde
zart

das Messer schläft
das Feuer schläft

Am Scheitel der Mutter
der Friedensengel
bewacht das Haus

Weißbrot und Wein
Gast
unser König

Wir singen
den siebenten Tag
wir rühmen
die Ruh

Rose Ausländer

In eindrücklichen Bildern fängt ROSE AUSLÄNDER (siehe S. 35) die Stimmung des Sabbats, des Gedenk- und Ruhetags der jüdischen Woche, ein. Es lohnt sich, anhand ihrer Assoziationen im Religionsunterricht die Bedeutung, Begründung (Gen 2,1–3; Ex 20,8–11) und Gestaltung des Sabbats zu erschließen.

Sure 62: Der Versammlungstag

Ihr Gläubigen!
Wenn am Tag der Versammlung
zum Gebet gerufen wird,
so macht euch auf, um Gottes zu gedenken,
und lasst den Handel ruhen.
Das ist für euch das Beste, sofern ihr Wissen habt.

Wenn das Gebet dann abgeschlossen ist,
zerstreut euch wieder überall,
und strebt nach Gottes guten Gaben,
und gedenket seiner viel:
Vielleicht wird's euch dann wohlergehen!

Aus dem Koran, Sure 62,9–10 (übersetzt von Hartmut Bobzin)

Diese Sure fordert die Muslime zur Unterbrechung ihrer Alltagsgeschäfte am Freitagmittag auf und ruft sie zum gemeinsamen Gebet in die Moschee zusammen. Das Freitagsgebet hat im Islam eine herausragende Bedeutung, da es als einziges Gebet nicht allein, sondern in der Gemeinschaft der Gläubigen Allahs Größe und Barmherzigkeit preist. Auch wenn der Freitag schöpfungstheologisch im christlich-jüdischen Verständnis kein Ruhetag ist, lässt sich das Freitagsgebet als Zeit zum Innehalten, als Zeit für die Gemeinschaft und für Gott im Religionsunterricht mit dem Sonntag und dem Sabbat in Verbindung bringen.

III.
Methoden

Der Engel der Langsamkeit

Wie der Umgang mit Lyrik religiöse Lernprozesse fruchtbar machen kann[11]

Der Engel der Langsamkeit

Ein Engel hat immer für dich Zeit,
das ist der Engel der Langsamkeit.
Der Hüter der Hühner, Beschützer der Schnecken,
hilft beim Verstehen und beim Entdecken,
schenkt die Geduld, die Achtsamkeit,
das Wartenkönnen, das Lang und das Breit.

Er streichelt die Katzen, bis sie schnurren,
reiht Perlen zu Ketten, ohne zu murren.
Und wenn die Leute über dich lachen
und sagen, das musst du doch schneller machen,
dann lächelt der Engel der Langsamkeit
und flüstert leise: Lass dir Zeit!
Die Schnellen kommen nicht schneller ans Ziel.
Lass den doch rennen, der rennen will!

---

11 Der folgende Text greift zurück auf den Aufsatz: Gabriele Cramer, Der Engel der
Langsamkeit, in: KatBl 127 (2002) H. 2, S. 98–103.

Ein Engel hat immer für dich Zeit,
das ist der Engel der Langsamkeit.
Der Hüter der Hühner, Beschützer der Schnecken,
hilft beim Verstehen und beim Entdecken,
schenkt die Geduld, die Achtsamkeit,
das Wartenkönnen, das Lang und das Breit.

Er sitzt in den Ästen von uralten Bäumen,
lehrt uns den Wolken nachzuträumen,
erzählt vom Anbeginn der Zeit,
von Sommer, von Winter, von Ewigkeit.
Und sind wir müde und atemlos,
nimmt er unsern Kopf in seinen Schoß.
Er wiegt uns, er redet von Muscheln und Sand,
von Meeren, von Möwen und Land.

Ein Engel hat immer für dich Zeit,
das ist der Engel der Langsamkeit.
Der Hüter der Hühner, Beschützer der Schnecken,
hilft beim Verstehen und beim Entdecken,
schenkt die Geduld, die Achtsamkeit,
das Wartenkönnen, das Lang und das Breit.

Jutta Richter

Gedichte geben sich zu erkennen, wenn wir verweilend mit ihnen umgehen. Was zwischen und hinter den Wörtern steht, öffnet sich erst im Wechselspiel mit eigenem Fühlen, Denken und Tun. Das gilt für jede Beschäftigung mit Lyrik im Unterricht, erfährt aber im Religionsunterricht noch einmal eine besondere Akzentuierung: Texte brauchen Zeit und Muße, um Schülerinnen und Schüler für eine religiöse Dimension aufzuschließen. Mit Metaphern und Symbolen vertraut zu werden, sich selbst im »Bild mit Worten« zu entdecken, braucht lange Anwege.

Das Gedicht »Der Engel der Langsamkeit« von Jutta Richter erzählt von diesem verweilenden Tun. Der Engel der Langsamkeit »hilft beim Verstehen und beim Entdecken, schenkt die Geduld, die Achtsamkeit, das Wartenkönnen«. »Lass dir Zeit« – diese leise Aufforderung zur Verlangsamung des Aneignungsprozesses wird in den vielen Einzelbildern des Gedichts ausgemalt und entfaltet.

Diese Botschaft des Engels steht über allen methodischen Entscheidungen beim Umgang mit Lyrik im Religionsunterricht. Der »Engel der Langsamkeit« lädt Lehrerinnen und Lehrer und Schülerinnen und Schüler zur Entschleunigung und zum Perspektivwechsel in einer Welt des Machbaren, Geschäftigen, Flüchtigen ein, entwirft eine Gegenwelt, die auf eine verborgene Sicht von Wirklichkeit verweist.

An diesem Gedicht lassen sich für den Einsatz im Religionsunterricht der Grundschule exemplarisch einige Zugangswege beschreiben. Folgt man der oben beschriebenen Linie, haben alle textproduktiven Methoden Vorrang, die den Text von Jutta Richter zum eigenen Text werden lassen, die persönliche Assoziationen zulassen, eigenem Fragen, Fühlen und Denken Raum geben. Im Gegensatz zu analytisch ausgerichteten Verfahren wird der vorliegende Text nicht zerpflückt, um am Ende freundlich mit eigenem Tun verziert zu werden. Hier steht die Schülerin, der Schüler mit seinen, ihren Erfahrungen im Mittelpunkt und damit am Anfang allen unterrichtlichen Bemühens. Die methodischen Wege dienen vorrangig der individuellen Erschließung und nicht der Nachgestaltung des Textes. Ausgangspunkt ist die Frage: »Was hast du zu dem Text zu sagen?«, und dann erst »Was will die Dichterin, der Dichter damit sagen?«.[12]

Im Folgenden werden verschiedene konkrete Anregungen zur Verlangsamung des Erschließungsprozesses gegeben, wobei die Struktur des Gedichts erste Anregungen zu methodischen Entscheidungen gibt: Wer der Engel der Langsamkeit ist, wird in der ersten und refrainartig wiederholend in der dritten und letzten Strophe erzählt; wo er lebt, was er lehrt, wie er uns umsorgt, erfahren wir in der zweiten und vierten Strophe.

---

12 Kliewer, Heinz-Jürgen, Wem nie die Drossel sang. Didaktische Überlegungen zum Gedicht, Literarisches Lernen. Beiträge zur Reform der Grundschule Nr. 107, Frankfurt 1999, S. 100–119, hier: S. 105.

Zu Beginn werden nur die ersten beiden Zeilen des Gedichts präsentiert:
»Ein Engel hat immer für dich Zeit,
das ist der Engel der Langsamkeit ...«

➤ Schreibt das Gedicht weiter! Du kannst dir den Rhythmus und den Reim der Anfangszeile ausleihen!
➤ Schreibt frei! Überlegt dann, wie ihr die Wörter in die Zeilen setzt!
➤ Lest den Gedichttext und vergleicht ihn mit euren Texten!
➤ Stellt euch vor, ihr begegnet dem Engel der Langsamkeit ...
➤ Schreibt auf, was euch der Engel sagen möchte!
➤ Welche Engel kennt ihr?

Varianten:
➤ Schreibt den Text weiter!
   Ein Engel hat immer für dich Zeit,
   das ist der Engel der Langsamkeit.
   Der _____
   hilft _____
   schenkt _____

➤ Schreibt zu folgenden Wörtern einen eigenen Text!
   Engel, Hüter, Beschützer, Zeit, warten, Geduld, Schnecken, träumen, Meer, Muscheln

Nach einem Gespräch über die Texte der Schülerinnen und Schüler wird die erste Strophe des Gedichts vorgestellt. Die letzten drei Zeilen fordern auf, zu überlegen, wie ein Engel beim Verstehen, beim Entdecken helfen kann, in welchen Situationen jemand mich an die Hand genommen hat, damit es nicht so schwerfällt, geduldig und achtsam zu sein und warten zu können.

Nach der Arbeit an den Textfragmenten wird nun das Gedicht als Ganzes vorgestellt. Es folgen weitere Schritte, die der individuellen Aneignung dienen. Denn: »Das Besondere eines Textes tritt erst vor dem Hintergrund der eigenen Wirklichkeits- und Texterfahrungen zutage.«[13]

---

13 Haas, Gerhard/Menzel, Wolfgang/Spinner, Kasper H., Handlungs- und produktionsorientierter Literaturunterricht, in: Praxis Deutsch 123/1994, S. 22.

- Malt oder zeichnet ein Bild von den Versen, die euch am besten gefallen haben!
- Tragt das Gedicht mit passender Musik vor!
- Begleitet das Gedicht mit Klanginstrumenten!
- Gestaltet eine Sprechmotette:
  Sprecht die erste, dritte und letzte Strophe gemeinsam! – Verteilt die übrigen Strophen auf verschiedene Sprecher! – Sprecht die ersten beiden Zeilen oder den Satz »Lass dir Zeit!« immer ganz leise in die zweite und vierte Strophe hinein! – Probiert verschiedene Sprechweisen aus!

Notwendig ist spätestens an dieser Stelle eine Auseinandersetzung mit den persönlichen Engelvorstellungen der Schülerinnen und Schüler. Mit dem Ziel, Engel nicht auf geflügelte Himmelswesen zu reduzieren, werden anschließend je nach Alter und Vorwissen der Kinder biblische Engelvorstellungen vorgestellt: Rafael in der Tobit-Geschichte (»Tobias ging auf die Suche nach einem Begleiter und traf dabei Rafael; Rafael war ein Engel, aber Tobias wusste es nicht«; Tob 5,4) oder auch Verse aus Psalm 91 (»Denn er befiehlt seinen Engeln, dich zu behüten auf all deinen Wegen«; Ps 91,11).

Ergänzend können auch weitere Engel-Gedichte von Jutta Richter (»Neinengel I und II«, S. 94 und 95) zum Vergleich hinzugezogen und auf ihre Gemeinsamkeit und Unterschiede hin untersucht werden. Die Schülerinnen und Schüler können einen Dialog der Engel schreiben, etwa zur Frage: Wo braucht der »Neinengel« den »Engel der Langsamkeit«? Sie können zu weiteren Engeln selbst Gedichte schreiben: »Der Nachtengel ... Der Lichtengel« usw. Sie können den »Engel der Langsamkeit« und den »Neinengel« in dem Kohelet-Text »Alles hat seine Stunde« (Koh 3,1–8, siehe S. 140) wiederentdecken und weitere Verse anhand der Bilder der Gedichte selbst schreiben.

Die Schönheit eines Textes zeigt sich erst, wenn der »Engel der Langsamkeit« den Erschließungsprozess begleitet: im Innehalten, Imaginieren und Fantasieren; im Erproben, Erfinden und Versuchen; im Vertrauen in die Kraft der eigenen Sprache, die aus dem fremden den eigenen Text entstehen lässt. »Mit Gedichten muss man sich ein bisschen aufhalten, um manchmal erst herauszufinden, was schön daran ist«, schrieb Bertolt Brecht.[14]

---

14 Brecht, Bertolt, Ein Kinderbuch, Berlin 1965.

Was man mit Gedichten machen kann[15]

1. Wenn das Gedicht noch nicht bekannt ist

In dieser Phase der Antizipation geht es darum, Erfahrungen mit dem Inhalt eines Gedichtes zu aktivieren, die Phantasie spielen zu lassen, um möglichst spontan eigene Ideen wachzurufen. Zu einem Wort, einem Satz oder auch einem Teil des Gedichtes werden Assoziationen gesammelt, dem Gedicht gegenübergestellt, um die selbstverständliche Rezeption des Originals aufzubrechen.

➤ Ein **Cluster (Ideennetz)** zur Überschrift, zum Gedichtanfang oder einem Schlüsselvers zusammenstellen; dazu Assoziationen in einem stummen Schreibgespräch sammeln, evtl. im Anschluss daran aus den Elementen eine Geschichte schreiben:
Schreibt in die Mitte des Plakats das Stichwort und notiert darum herum alles, was euch zu dem Thema einfällt. Verbindet dann zusammengehörende Wörter mit Strichen.

Beispiel: Rose Ausländer, Die großen Worte (S. 35)

Große Worte
Macht, Liebe, Gewalt, Verantwortung, Treue ...

Beispiel: Elisabeth Borchers, Ich erzähle dir (S. 39)

Der Himmel ist nicht so, wie du denkst
blau, über den Wolken, Firmament, Wohnung der Verstorbenen

---

15 Die Zusammenstellung verdankt eine Reihe von Anregungen dem Aufsatz von Gerhard Haas/Wolfgang Menzel/Kasper H. Spinner, Handlungs- und produktionsorientierter Literaturunterricht, in: Praxis Deutsch 123/1994, S. 17–25.

➤ Ein **Textfragment** mit eigenen Gedanken füllen:
Lest die Anfangszeilen des Gedichts – Ergänzt die Satzanfänge – Schreibt in die Leerzeilen eure eigenen Gedanken.

Beispiel: Hilde Domin, Unaufhaltsam (S. 36)

Das eigene Wort,
wer holt es zurück,
das lebendige
eben noch ungesprochene
Wort?

Wo das Wort vorbeifliegt
verdorren die Gräser
versiegt die Quelle
verstummt der Freund
...
Du schickst andere Worte
hinterdrein,
Worte mit bunten, weichen
Federn.
Worte mit freundlichem
Klang.

➤ Sich durch eine **Phantasiereise** oder Musik in eine Textsituation einstimmen lassen:
Schließt eure Augen! Stell dir vor ...

Beispiel: Joachim Ringelnatz, Kindersand (S. 132)

... du liegst auf weichem Sand am Strand. Du streichst mit deiner Hand ganz leicht über den Sand ...

➤ Aus **Kernwörtern** des Gedichts eine Geschichte schreiben:
Erfindet eine Geschichte, in der die folgenden Wörter vorkommen …

Beispiel: Wilhelm Busch, Die alten Tanten (S. 83)

Namenstag, Sophie, Tante, bedanken

➤ **Gedichtpuzzle** – Ein Gedicht aus seinen Teilen zusammenfügen:
Ordnet die einzelnen Wörter, Satzteile oder Sätze und stellt daraus ein eigenes Gedicht zusammen.

Beispiel: Kohelet 3,1–8: Alles hat seine Stunde (S. 140)

2. Zu Gedichten schreiben

Verschiedene Methoden des kreativen Schreibens laden zur eigenen Sprach- und Textproduktion ein. Schreibend setzen sich Schülerinnen und Schüler mit ihren Fragen, Gedanken, Gefühlen und Wünschen auseinander, die das Gedicht in ihnen auslöst, und geben ihnen authentisch und selbstbewusst Ausdruck. Auf diesem Wege gelangen sie sowohl zu einem tieferen Verständnis des Gedichtes als auch zum tieferen Verständnis ihrer eigenen Wirklichkeit.

➤ Eine mögliche **Vorgeschichte** zu einem Gedicht (evtl. zu einer Figur oder einem Motiv des Gedichts) schreiben:
Schreibt eine Geschichte zu einer Person des Gedichts. Was hat er/sie früher erlebt?

Beispiel: Edward van de Vendel, Hände (S. 119)

Wir gehen durch die Innenstadt
vorbei an Männern ohne Zähne ...
Penner,
sagt die Mama

Stell dir vor, du bist diesem Mann vor fünf Jahren schon einmal begegnet.
Was ist in der Zwischenzeit passiert?

Beispiel: Max Bolliger, Das böse Wort (S. XX)

Wie fing es an?
Wer ist schuld daran?
Du oder ich oder das böse Wort?

Stell dir vor, du hast den Schreiber und seinen Freund beobachtet.
Wie fing der Streit an?

➤ **Weitere Verse** zu einem Gedicht schreiben, dabei die Struktur des Gedichts nutzen:

Lest den Anfang des Gedichts. Überlegt, wie er aufgebaut ist. Schreibt in der gleichen Weise in die Leerzeilen eure eigenen Gedanken.

Beispiel: Benoît Marchon, Wie ein Hauch (S. 166)

Geist Gottes,
hauch mich an!

Wenn ich wie ein Schiff ohne Wind bin,
füll meine Segel mit deinem Atem.

Wenn ich
wie eine welke Blume bin,
belebe mich
mit deiner Kraft.

Wenn ich
niedergeschlagen bin
gib mir
neuen Aufwind.

Wenn ich ...

Geist Gottes,
hauch mich an!

➤ Einen **inneren Monolog, einen Brief, eine Tagebuchnotiz** zu einer Figur verfassen:
Schreibt einen Brief an N.N. Schreibt einen Brief von N.N. an euch.
Notiert, was N.N. am Abend in sein Tagebuch schreiben könnte.

Beispiel: Hans Arp, Der Sehmann (S. 50)

Der schönste Beruf
ist der eines Sehmannes
eines Mannes der in das Sehen
unsterblich verliebt ist.

Lieber Sehmann! Mit großen Augen gehst du durch die Welt. Nichts bleibt dir verborgen! ...

➤ Sich selbst in einen Text hineindichten und eine **Szene gestalten**:
Hört das Gedicht mit geschlossenen Augen. Sucht dann einen Abschnitt im Gedicht aus, in den ihr eure eigenen Gedanken einfügen könnt.

Beispiel: Jutta Richter, Abendgebet (S. 156)

Herr, bleibe bei mir,

denn es will Abend werden

Wenn ich nicht einschlafen kann,
weil ich Angst vor morgen habe.

Herr, bleibe bei mir ...

➤ **Fragen an ein Gedicht** stellen, zwischen die Zeilen Kommentare, Gegenaussagen einfügen:
Lest das Gedicht und schreibt in die Leerzeilen eure Fragen und Einwände.

Beispiel: Wolf Biermann, Wann ist denn endlich Frieden (S. 128)

Wann ist denn endlich Frieden
In dieser irren Zeit
Wo gibt es heute Krieg?
Das große Waffenschmieden
Bringt nichts als großes Leid

Es blutet die Erde
Es weinen die Völker
Es hungern die Kinder
Es droht großer Tod
Es sind nicht die Ketten
Es sind nicht die Bomben
Es
ist ja der Mensch
der den Menschen bedroht
Es gibt doch Menschen, die sich für den Frieden einsetzen!

Die Welt ist so zerrissen
Und ist im Grund so klein
Wir werden sterben müssen
Dann kann wohl Frieden sein
Erst dann kann Frieden sein?

➤ Den in **Prosaform präsentierten Gedichttext umschreiben**, dabei selbst den Zeilenumbruch durchführen:
Schreibt aus dem Text ein Gedicht. Wo könnte eine neue Zeile beginnen? Wo eine Strophe?

Beispiel: Josef Guggenmos, Ich geh durch das Dorf (S. 62)

Ich geh durch das Dorf. Jeder Ort ist die Mitte der Welt. Da, dort. Hier ...

➤ Ein **analoges Gedicht** schreiben:
Ersetzt die unterstrichenen Zeilen des Gedichts durch eigene passende Zeilen und schreibt auf diese Weise ein neues Gedicht.

Beispiel: Christine Busta, Worte (S. 34)

Jedes Wort meint sich selber
Und deutet zugleich auf anderes.
Anemone – die Blume.
Anemone – das Kind.
Alle Worte sind Chiffren.

Und wer Stein sagt
oder Kristall,
spricht von der Weltgeschichte.
Jedes Wort meint sich selber
und deutet zugleich auf anderes ...

Jedes Wort meint sich selber
Und deutet zugleich auf anderes.
Schloss eines Königs.
Schloss einer Tür.
Alle Worte sind Chiffren.

Und wer *Wasser* sagt,
oder *Regen,*
spricht von *Leben.*
Jedes Wort meint sich selber
und deutet zugleich auf anderes ...

➤ Ein Gedicht **weiterschreiben**, dabei Reim und Rhythmus weiterführen:
Ergänzt den Gedichtanfang. Verwendet den gleichen Rhythmus und das gleiche Reimschema.

Beispiel: Marianne Kreft, Liebe Aygün! (S. 38)

Schenk mir deine Wörter,
schenk sie mir bald,
Wörter für Himmel,
für Sonne und Wald.

Schenk mir deine Wörter,
schenk sie mir *morgen,*
Wörter für Tränen,
für Leid und für Sorgen.

➤ Den Text **reduzieren**:
Unterstreicht im Gedicht Wörter, aus denen ihr ein Elfchen (11 Wörter, verteilt auf 5 Zeilen: 1 Wort – 2 Wörter – 3 Wörter – 4 Wörter – 1 Wort) oder ein Haiku (3 Wortgruppen aus 5–7–5 Sprechsilben) schreiben könnt.

Beispiel: James Krüss, Lied des Menschen (S. 76)

Elfchen:
Ich
habe Phantasie
kann glücklich sein
bin Delphin und Möwe
alles

Haiku:
Bin Mensch oder Tier
Mensch in ganz besondrem Sinn
Habe Phantasie

3. Ein Gedicht sprechen

Eine Reihe von Gedichten erschließt sich ohne weiteres methodisches Arrangement allein durch die Kraft der poetischen Sprache. Auch wenn die Schülerinnen und Schüler ein solches Gedicht noch nicht in allen Details inhaltlich erfassen können, haben sie Freude an seinem Klang und Rhythmus. Im wiederholten Hören, Sprechen und auch Auswendiglernen geben Schülerinnen und Schüler dem Gedicht durch ihre persönliche Stimme neuen Sinn. »Sprich so, dass du spürst, was du liest!«, empfiehlt Ute Andresen.

➤ Ein Gedicht vortragen und **verschiedene Sprechweisen** ausprobieren:
Lest das Gedicht laut. Markiert Pausen, Lautstärke und Stimmlage.

Beispiel: Friederike Mayröcker, was brauchst du (S. 138)

was brauchst du?
einen Baum
ein Haus
zu ermessen
wie groß *(laut)*
wie klein *(leise)*

➤ Ein Gedicht **auswendig lernen**:
Sucht drei zusammenhängende Lieblingsstrophen aus und tragt sie auswendig vor.

Beispiel: Matthias Claudius, Abendlied (S. 52)

➤ Mit mehreren Sprechern ein Gedicht sprechen. Eine **Sprechmotette** zu einem Gedicht entwerfen:

Markiert im Text, wie mit verschiedenen Sprechern das Gedicht vorgetragen werden kann. Welche Zeilen können gemeinsam gesprochen, welche wiederholt werden?

Beispiel: Friedrich Rückert, Du bist ein Schatten am Tage (S. 142)

Alle: Du bist ein Schatten am Tage
Und in der Nacht ein Licht;
Du lebst in meiner Klage
Und stirbst im Herzen nicht.

1. Sprecher: Wo ich mein Zelt aufschlage,
Da wohnst du bei mir dicht;
Alle: Du bist mein Schatten am Tage
Und in der Nacht ein Licht. *(Verse des 1. Sprechers damit unterlegen)*

2. Sprecher: Wo ich auch nach dir frage,
Find ich von dir Bericht,
Alle: Du lebst in meiner Klage
Und stirbst im Herzen nicht. *(Verse des 2. Sprechers damit unterlegen)*

Alle: Du bist ein Schatten am Tage
Und in der Nacht ein Licht;
Du lebst in meiner Klage
Und stirbst im Herzen nicht. *(mehrere Male, leiser werdend wiederholen)*

4. Zu Gedichten malen

Entscheidend für das Gelingen dieser Methode im Religionsunterricht ist die Auswahl eines speziell formulierten Zugangs zu einem Gedicht. In den wenigsten Fällen genügt ein Auftrag wie: »Malt ein Bild zu dem Gedicht!« Zur vertieften inhaltlichen Auseinandersetzung führt stattdessen ein Arbeitsauftrag, der eine neue Sichtweise auf das Gedicht eröffnet, den Inhalt fokussiert, ergänzt oder fortführt.

> ➤ **Beim Hören** eines Gedichtes malen:
> *Hört zunächst das Gedicht mit geschlossenen Augen. Lasst es euch dann so langsam vorlesen, dass ihr dazu malen könnt.*
>
> **Beispiel:** Gerda Anger-Schmidt, Wünsche wie Wolken (S. 65)
>
> Mal deine Wünsche in den Himmel ...

> ➤ **Zu einer Kernaussage** ein Bild malen:
> *Unterstreicht eine für euch wichtige Stelle im Gedicht und malt dazu.*
>
> **Beispiel:** Peter Helbich, Ein Stück Himmel (S. 40)
>
> ... Wir sollten
> beim Schließen der Türen
> nicht vergessen
> etwas davon mit ins Haus zu nehmen
> vor allem
> ein Stück des Himmels.

> ➤ Ein Gedicht **kalligrafisch** mit verschiedenen Farben gestalten und in ein Bild umsetzen:
> *Schreibt das Gedicht in verschiedenen Farben ab. Gestaltet es so, dass eure Schrift etwas vom Inhalt des Gedichts zeigt.*
>
> **Beispiel:** Reiner Kunze, Kinderzeichnung (S. 115)
>
> Du hattest ein Viereck gemalt ...

5. Zu einem Gedicht spielen

Spielerisch handelnde Auseinandersetzung mit einem Gedicht heißt nicht, es einfach nachzugestalten, sondern erfordert von den Schülerinnen und Schülern, sich über Körperbewegung, -sprache und -ausdruck den Gehalt des Gedichts experimentell zu erschließen. Vorrang haben im Religionsunterricht in diesem Zusammenhang alle Formen, die zu einer Verdichtung des eigenen Ausdrucks und nicht zu einer reinen Illustration entlang des Ablaufes des Gedichtes führen. In diesem Sinne eignen sich nicht nur erzählende Gedichte für die Auswahl dieser Methoden.

➤ Die Zeilen des Gedichts **als Standbilder oder pantomimisch** darstellen:
Überlegt, wie viele Personen ihr für die Darstellung als Standbild oder als Pantomime braucht. Wie gestaltet ihr die einzelnen Bewegungen? Welche eignen sich zum »Einfrieren«?

Beispiel: Mascha Kaléko, Gebet (S. 74)

Es wohnen drei in meinem Haus ...

➤ Ein Gedicht (oder einen Teil) spielen – auch als **Puppen- oder Schattenspiel** oder als **Videoszene**:
Überlegt, wie viele Rollen ihr braucht und wie sie besetzt werden sollen.

Beispiel: James Krüss, Der Garten des Herrn Ming (S. 86)

Im stillen Gartenreiche
Des alten Gärtners Ming ...

Beispiel: Lene Mayer-Skumanz, Gerichtsverfahren (S. 88)

Stellt euch vor, es säßen einmal
die Wörter zu Gericht über uns ...

6. Ein Gedicht mit musikalischen Mitteln gestalten

Die Umsetzung von Gedichten in Klänge, Töne und Geräusche erfordert von den Schülerinnen und Schülern ein genaues Hineinhorchen sowohl in die Struktur als auch in den Inhalt eines Gedichtes. Durch den Wechsel von geschriebenem Wort zu einem individuellen Klangbild werden Phantasie und Imagination in besonderem Maße angeregt.

➤ Mit **Instrumenten** ein Gedicht begleiten:
   Untermalt das Gedicht zuerst mit Klatschen oder Stampfen. Überlegt dann, welche Instrumente zu welchen Passagen passen.

   Beispiel: Bertolt Brecht, Das Lied von der Moldau (S. 130)

➤ Zu einem Gedicht (evtl. mit Materialien) **tanzen**:
   Tragt das Gedicht langsam vor und bewegt euch dazu mit Tüchern. Sucht dazu eine passende Musik aus!
   Führt dann nur die Bewegungen ohne Text vor.

   Beispiel: Benoît Marchon, Wie ein Hauch (S. 166)

7. Ein Gedicht vergleichen

Im Kontrast zu einem inhaltlich verwandten Gedicht kann Schülerinnen und Schülern das Besondere eines Textes eindrücklich bewusst werden. Auch die Gegenüberstellung mit einem Bild alter oder neuer Kunst oder auch mit (evtl. von Schülerinnen und Schülern) ausgewählten Fotos regt zur vertieften Auseinandersetzung an. Greift ein Gedicht ein biblisches Thema auf oder bahnt es an, sollte bei dem Vergleich der literarische Text in seinem Eigenwert bewahrt und nicht zu einem »Aufmacher« degradiert werden.

➤ Ein Gedicht einem anderen oder mehreren **motivgleichen Gedichten** gegenüberstellen:
Vergleicht die Gedichte. Schreibt neue Überschriften, in denen die Unterschiede der beiden Texte deutlich werden. Welches Gedicht gefällt euch besser? Warum? Sucht euch in der Vorstellung eine passende Umgebung für die Gedichtvorträge aus.

Beispiel: Weihnachtsgedichte von Joseph von Eichendorff und Jutta Richter (S. 162/163)

➤ Ein **Kunstbild oder Fotos** in Beziehung zu dem Gedicht setzen:
Unterstreicht die Wörter im Gedicht, die zum Bild passen. Was findet ihr im Gedicht – im Bild nicht?

Beispiel: Elisabeth Borchers, »Was alles braucht's zum Paradies« (S. 93)

Zum Vergleich: Das Bild »Die Neue Schöpfung« von Silke Rehberg (eine Abbildung findet sich in »Meine Schulbibel. Für Sieben- bis Zwölfjährige«, S. 7).

➤ Ein Gedicht mit einem **biblischen Text** ins Gespräch bringen:
Unterstreicht im Gedicht und in der biblischen Geschichte Gemeinsamkeiten und Unterschiede.

Beispiel: Jutta Richter »Die Arche« (S. 152)

Das Gedicht mit der Erzählung in Gen 6 vergleichen.

8. Eine Gedichtkartei anlegen

Auch im Religionsunterricht empfiehlt es sich, einen Fundus von Gedichten anzulegen. Eine klasseneigene Gedichtkartei zu Themen des Religionsunterrichts bietet die Chance, Schülerinnen und Schüler zu einer selbstständigen Auswahl aus Lesebüchern und Anthologien anzuleiten und ihnen Wege zu einer eigenständigen Bearbeitung aufzuzeigen. Darüber hinaus kann eine solche Sammlung auch in meditativen Phasen des Unterrichts, etwa im Morgenkreis, Verwendung finden:

➤ Gedichte zu einem bestimmten Thema zusammenstellen.
➤ Lieblingsgedichte sammeln.
➤ Gedichte für den Morgenkreis auswählen und vortragen.
➤ Einen Gedichtkalender entlang des Kirchenjahres erstellen.

Anhang

Fundgrube

Bücher mit Gedichten

Conrady, Karl Otto (Hrsg.), Der Neue Conrady. Das große deutsche Gedichtbuch von den Anfängen bis zur Gegenwart, Düsseldorf/Zürich (Artemis & Winkler/Patmos) 2000

Gelberg, Hans-Joachim (Hrsg.), Großer Ozean. Gedichte für alle, Weinheim (Beltz & Gelberg) 2006

Gelberg, Hans-Joachim (Hrsg.), Überall und neben dir. Gedichte für Kinder und Erwachsene. Neuausgabe, Weinheim (Beltz & Gelberg) 2010

Gelberg, Hans-Joachim (Hrsg.), Wo kommen die Worte her, Weinheim (Beltz & Gelberg) 2011

Hahn, Ulla (Hrsg.), Gedichte fürs Gedächtnis. Zum Inwendig-Lernen und Auswendig-Sagen, München (Deutsche Verlags-Anstalt) 1999

Hentig, Hartmut von, Meine Deutschen Gedichte, Seelze (Kallmeyer) 1999

Kaléko, Mascha/Ballhaus, Verena (Ill.), Wie's auf dem Mond zugeht, Köln (Bastei Lübbe/Boje) 2010

Knödler, Christine (Hrsg.)/Kulot, Daniela (Ill.), In wenigen Worten die ganze Welt, Stuttgart (Thienemann) 2010

Knödler, Christine (Hrsg.)/Wolfsgruber, Linda (Ill.), Sonnenschein und Sternenschimmer, Hildesheim (Gerstenberg Verlag) 2010

Rautenberg, Arne/Teich, Karsten (Ill.), der wind lässt tausend hütchen fliegen, Köln (Boje) 2010

Richter, Jutta, Am Himmel hängt ein Lachen. Gedichte für neugierige Kinder, Köln (Boje) 2009

Bücher über Gedichte

Andresen, Ute, Versteh mich nicht so schnell. Gedichte lesen mit Kindern, Weinheim/Basel (Beltz & Gelberg) 1999

Greiner, Ulrich, Lyrik-Verführer. Eine Gebrauchsanweisung zum Lesen von Gedichten, München (C.H. Beck) 2009

Klüger, Ruth, Gemalte Fensterscheiben. Über Lyrik, Göttingen (Wallstein Verlag) 2007

Matt, Peter von, Wörterleuchten. Kleine Deutung deutscher Gedichte, München (Hanser) 2009

Reich-Ranicki, Marcel (Hrsg.), Frankfurter Anthologie. Gedichte und Interpretationen, Frankfurt am Main (S. Fischer Verlag), 1976ff. (der 35. Band ist im Frühjahr 2012 erschienen)

Verzeichnis der Gedichte und Gedichtanfänge

Der Gedichttitel ist normal gesetzt, die Anfangszeile kursiv.
Gedichte, die mit * gekennzeichnet sind, werden ausführlich interpretiert.

Verzeichnis der Autorinnen und Autoren

Gedichte, die mit * gekennzeichnet sind, werden ausführlich interpretiert.

Quellenverzeichnis

Die Gedichte

S. 27: Jutta Richter, Wo kommen all die Wörter her?; © Jutta Richter, Ascheberg (es handelt sich hier um die von der Autorin autorisierte Originalfassung des Gedichts; in dem von Hans-Joachim Gelberg herausgegebenen Band »Wo kommen die Worte her«, Weinheim: Beltz & Gelberg 2012, ist eine veränderte Fassung abgedruckt).

S. 33: Hans Manz, Wörter und Bilder. Aus: Hans-Joachim Gelberg (Hrsg.), Großer Ozean. Gedichte für alle, S. 137; © 2000 Beltz & Gelberg in der Verlagsgruppe Beltz, Weinheim/Basel.

S. 34: Christine Busta, Worte. Aus: dies., Wenn du das Wappen der Liebe malst. Gedichte, S. 10; © 1981 Otto Müller Verlag, Salzburg.

S. 35: Rose Ausländer, Die großen Worte. Aus: dies., Ich höre das Herz des Oleanders. Gedichte 1977–1979, S. 78; © 1984 S. Fischer Verlag, Frankfurt/Main.

S. 36: Hilde Domin, Unaufhaltsam. Aus: dies., Rückkehr der Schiffe. Gedichte, S. 19; © 2003 S. Fischer Verlag, Frankfurt/Main.

S. 38: Marianne Kreft, Liebe Aygün! Aus: Hans-Joachim Gelberg (Hrsg.), Überall und neben dir, Beltz & Gelberg, Weinheim/Basel 1986, S. 163; © Marianne Schäfer-Engelmann, Neuwied.

S. 39: Elisabeth Borchers, Ich erzähle dir. Aus: dies., Gedichte. Ausgewählt von Jürgen Becker, S. 39; © 1976 Suhrkamp Verlag, Frankfurt/Main.

S. 40: Peter Helbich, Ein Stück Himmel; © Peter Helbich, Vellmar.

S. 43: Getrud Fussenegger, Lauschender. Aus: dies., Widerstand gegen Wetterhähne, Lyrische Kürzel und andere Texte, Stuttgart (DVA) 1974; © Verwertungsgemeinschaft nach Gertrud Fussenegger, München.

S: 48: Eva Strittmatter, Die Drossel singt. Aus: dies., Die eine Rose überwältigt alle; © 1977 Aufbau Verlag, Berlin.

S. 49: Rainer Malkowski, Sterne. Aus: ders., Die Herkunft der Uhr; © 2004 C. Hanser Verlag, München/Wien.

S. 50: Hans Arp, Der Sehmann. Aus: ders., Gesammelte Gedichte. Band 1; © 1996 Limes Verlag in der Verlagsgruppe Random House GmbH, München.

S. 52: Matthias Claudius, Abendlied. Aus: ders., Es gibt was Bessres in der Welt, Gütersloh (C. Bertelsmann) 1955, S. 148.

S. 54: Novalis, Wenn nicht mehr Zahlen und Figuren. Aus: ders., Heinrich von Ofertdingen, hrsg. v. Wolfgang Frühwald, Stuttgart (Reclam) 1987, S. 178.

S. 56: Mascha Kaléko, Sozusagen grundlos vergnügt. Aus: dies., In meinen Träumen läutet es Sturm. Gedichte und Epigramme aus dem Nachlass, S. 70; © 1977 Deutscher Taschenbuch Verlag, München.

S. 60: Matthias Claudius, Täglich zu singen. Aus: ders., Es gibt was Bessres in der Welt, Gütersloh (C. Bertelsmann) 1955, S. 84.

S. 62: Josef Guggenmos, Ich geh durch das Dorf. Aus: Hans-Joachim Gelberg (Hrsg.), Großer Ozean. Gedichte für alle; © 2006 Beltz & Gelberg in der Verlagsgruppe Beltz, Weinheim/Basel.

S. 63: Gerald Jatzek, Wunder. Aus: Ute Hoffmann, Die kreative Textwerkstatt. 88 Texte zum Lesen, Nachdenken und Selberschreiben, Buxtehude (Persen) 2010, S. 100; © Gerald Jatzek, Wien.

S. 64: Walt Whitman, ich glaube ein grashalm ist nicht geringer als das tagwerk der sterne. Aus: Walt Whitman, Walt Whitmans Werk, Hamburg (Rowohlt) 1956, S. 130.

S. 65: Gerda Anger-Schmidt, Wünsche wie Wolken. Aus: dies., Neun nackte Nilpferddamen; © 2003 Residenz Verlag, Salzburg/St. Pölten.

S. 66: Wilhelm Hey, Weißt du, wie viel Sterne stehen. Aus: Deutsche Lieder. Texte und Melodien. Ausgewählt und eingeleitet von Ernst Klusen, Frankfurt/Main (Insel) 1980.

S. 69: Bertolt Brecht, Morgens und abends zu lesen. Aus: Die Gedichte von Bertolt Brecht in einem Band; © 1981 Suhrkamp Verlag, Frankfurt/Main.

S. 72: Kurt Marti, Was ich brauche. Aus: ders., Ungrund Liebe. Klagen, Wünsche, Lieder, S. 35; © 1989 Radius-Verlag, Stuttgart.

S. 73: Robert Gernhardt, Sinngedicht. Aus: ders., Gedichte 1954–2006; © 2008 S. Fischer Verlag, Frankfurt/Main.

S. 74: Mascha Kaléko, Gebet. Aus: dies., Verse für Zeitgenossen. Erschienen 1958 im Rowohlt Verlag GmbH, Reinbek bei Hamburg; © 1975 Gisela Zoch-Westphal.

S. 75: Josef Guggenmos, Da sitze ich und suche. Aus: ders., Groß ist die Welt; © 2006 Beltz & Gelberg in der Verlagsgruppe Beltz, Weinheim/Basel.

S. 76: James Krüss, Lied des Menschen. Aus: ders., James' Tierleben; © 2009 Carlsen Verlag, Hamburg.

S. 79: Robert Gernhardt, Gesetzt den Fall ... Aus: ders., Ich höre was, was du nicht siehst; © 1975 Insel Verlag, Frankfurt/Main.

S. 82: Rudolf Otto Wiemer, Gott wollte. Aus: Eva Bartos-Höppner, Kindergedichte unserer Zeit, Würzburg (Arena) 1984; © Rudolf Otto Wiemer Erben, Hildesheim.

S. 83: Wilhelm Busch, Die alten Tanten. Aus: Heinrich Pleticha (Hrsg.)/Daniela Kulot (Ill.), Und strömt und ruht. Gedichte und Bilder. Stuttgart/Wien (Thienemann) 2005.

S. 84: Joachim Ringelnatz, Schenken. Aus: ders., Allerdings. Gedichte. Daun (Aurel) 2010, S. 12.

S. 85: Mascha Kaléko, Enfant terrible. Aus: dies., In meinen Träumen läutet es Sturm. Gedichte und Epigramme aus dem Nachlass, S. 67; © 1977 Deutscher Taschenbuch Verlag, München.

S. 86: James Krüss, Der Garten des Herrn Ming. Aus: ders., Der wohltemperierte Leierkasten; © 1961, 1989 C. Bertelsmann Verlag, Gütersloh.

S. 88: Lene Mayer-Skumanz, Gerichtsverfahren. Aus: dies., ... dann könnte das Wort in mir wachsen. Text für junge Menschen, Düsseldorf (Patmos) 1990, S. 3; © Schwabenverlag, Ostfildern.

S. 132: Joachim Ringelnatz, Kindersand. Aus: ders., Kinder-Verwirr-Buch, Berlin (Aufbau) 2008.

S. 134: Albrecht Goes, Grabschrift. Aus: ders., Aber im Winde das Wort, Frankfurt (G. B. Fischer) 1963, S. 304; © S. Fischer Verlag, Frankfurt/Main.

S. 138: Friedericke Mayröcker, was brauchst du. Aus: dies., Gesammelte Gedichte 1939–2003, S. 631; © 2004 Suhrkamp Verlag, Frankfurt/Main.

S. 139: Wo ist das wirkliche, wirkliche Ich? (Gedicht eines 9-jährigen Kindes). Aus: Elizabeth Reed (Hrsg.), Kinder fragen nach dem Tod; © 1986 Quell-Verlag, Stuttgart.

S. 140: Kohelet 3,1–8: Alles hat seine Stunde. Aus: Einheitsübersetzung der Heiligen Schrift; © 1980 Katholische Bibelanstalt, Stuttgart.

S. 142: Friedrich Rückert, Du bist ein Schatten am Tage. Aus: ders., Kindertodtenlieder und andere Texte des Jahres 1834, Göttingen (Wallstein) 2007, S. 35.

S. 143: Günter Bruno Fuchs, Für ein Kind. Aus: ders., Das Lesebuch des Günter Bruno Fuchs, S. 23; © 1970 C. Hanser Verlag, München/Wien.

S. 144: Heinz Piontek, Freies Geleit. Aus: ders., Wie sich Musik durchschlug, S. 88; © 1978 Hoffmann und Campe, Hamburg.

S. 146: Astrid Lindgren, Wäre ich Gott. Aus: Margarete Strömstedt (Hrsg.), Astrid Lindgren – Ein Lebensbild, S. 338f.; © 2001 Oetinger Verlag, Hamburg.

S. 151: Reinhard Bäcker, Du! Guter Gott!; © Hanne Bäcker, Schwerte.

S. 152: Jutta Richter, Die Arche; © Jutta Richter, Ascheberg.

S. 154: Andreas Knapp, himmel. Aus: ders., Höher als der Himmel. Göttliche Gedichte; © 2010 Echter Verlag, Würzburg.

S. 155: Rose Ausländer, Auferstehung. Aus: dies., Mein Venedig versinkt nicht. Gedichte, S. 109; © 1982 S. Fischer Verlag, Frankfurt/Main.

S. 156: Jutta Richter, Abendgebet. Aus: dies., Verlass mich nicht zur Kirschenzeit. Liebesgedichte; © 2000 Sanssouci-Verlag, Zürich, im C. Hanser Verlag, München/Wien.

S. 158: Heinz-Albert Heindrichs, Dreikönigsbeweis. Aus: ders., Erinnern Erwarten. Je dunkler es wird (Gesammelte Gedichte Bd. 10), S. 43; © 2009 Rimbaud Verlag, Aachen.

S. 162: Joseph von Eichendorff, Weihnachten. Aus: ders., Werke in vier Bänden. Bd. 1, München/Wien (Hanser) 1982.

S. 163: Jutta Richter, Was würdest du machen, wenn Weihnachten wär'; © Jutta Richter, Ascheberg.

S. 164: Reinhard Bäcker, Da kannst du Osterspuren finden; © Menschenkinder Verlag, Münster.

S. 166: Benoît Marchon, Wie ein Hauch. Aus: ders./Josse Goffin, Ich möchte ganz still sitzen. Gedichte zum Beten, Verlag St. Gabriel, S. 18; © 1988 Thienemann Verlag, Stuttgart/Wien.

S. 167: Rose Ausländer, Sabbatruhe. Aus: dies., Wieder ein Tag aus Glut und Wind. Gedichte 1980–1982, S. 313; © 1981 S. Fischer Verlag, Frankfurt/Main.

S. 168: Sure 62,9–10: Der Versammlungstag. Aus: Der Koran. Übersetzt von Hartmut Bobzin; © 2012 C.H. Beck Verlag, München.

S. 170: Jutta Richter, Der Engel der Langsamkeit. Aus: dies./Susanne Janssen, An einem großen stillen See; © 2003 C. Hanser Verlag, München/Wien.

Bilder

S. 47: Toni Zenz (geb. 1915), Der Hörende, 1957, Bronzeplastik in der Pax-Christi-Kirche, Essen; Rechte beim Künstler, Foto: Michael Jeiter, Merzenich.

S. 51: HAP Grieshaber (1909–1981), Herzauge,1937; © VG Bild-Kunst, Bonn 2012.

S. 150: Marc Chagall (1887–1985), Die weiße Kreuzigung, 1938, Öl auf Leinwand, 155×139,5 cm, Chicago, Art Institut; © VG Bild-Kunst, Bonn 2012.

Lieder

S. 41: Weißt du, wo der Himmel ist
(T: Wilhelm Willms; M: Ludger Edelkötter)

S. 46: Schweige und höre
(T: Michael Hermes; M: aus England)

S. 67: Weißt du, wie viel Sterne stehen
(T: Wilhelm Hey, 1837; M: Volkslied, 1. Hälfte 19. Jh.)

S. 98: Viele kleine Leute
(T: Afrikanisches Sprichwort; M: Detlev Jöcker)

S. 125: Komm, bau ein Haus
(T: Friedrich Karl Barth, Peter Horst, Hans-Jürgen Netz; M: Peter Janssens)

Kinder und die großen Fragen

Spiritualität & Religion

Albert Biesinger,
Helga Kohler-Spiegel (Hrsg.)
GIBT'S GOTT?
144 Seiten. Gebunden.
Illustr. v. Mascha Greune
ISBN 978-3-466-36761-0

Gibt es Wunder? Wo wohnt Gott?
Hört er mir zu, wenn ich bete?
Stimmt das, was in der Bibel
steht? Warum gibt es verschiedene Religionen? Hier antworten
bekannte Theologinnen und
Theologen auf Kinderfragen rund
um Gott und die Religionen – in
einer Sprache, die Kinder verstehen und die Eltern hilft, mit
ihren Kindern über Religion zu
sprechen.

Albert Biesinger,
Helga Kohler-Spiegel (Hrsg.)
WOHER, WOHIN,
WAS IST DER SINN?
144 Seiten. Gebunden.
Illustr. v. Mascha Greune
ISBN 978-3-466-37016-0

Wann hat die Zeit angefangen –
und wann hört sie wieder auf?
Warum bin ich auf der Welt? Wie
ist es im Himmel? Warum müssen
Menschen sterben? Auf diese und
viele andere Fragen antworten
bekannte Theologinnen und
Theologen: leicht verständlich,
pfiffig illustriert und mit vielen
Anregungen zum Weiterdenken.
Ein sinnvolles Geschenk – nicht
nur für neugierige Kinder!

www.koesel.de   Sachbücher & Ratgeber

88 Symbol-
und Erzählbilder

Rainer Oberthür
DIE SYMBOL-KARTEI
Mappe mit 88 farbigen Symbolkarten,
176-seitiges Begleitbuch
ISBN 978-3-466-37042-9

Warum bin ich auf der Welt? Wie sieht Gott aus? – Kinder
tragen tiefe Gedanken und Vorstellungen über Mensch, Gott
und Welt in sich. Doch tun sie sich oft schwer, diese in Worte
fassen.
Mithilfe der 88 Symbol- und Erzählbilder lernen Kinder, ihre
Fragen und ihr Wissen zur Sprache zu bringen. Im 176-sei-
tigen Begleitbuch werden in insgesamt 44 Zugängen die
Themenfelder Mensch, Welt, Symbole, Bibel und Gott
entfaltet.

www.koesel.de   Sachbücher & Ratgeber